U0772710

中国人文标识
China

|第一辑|

功夫

武术与家国理想

朱千华 | 著

五洲传播出版社·北京
China Intercontinental Press

图书在版编目（ＣＩＰ）数据

功夫，武术与家国理想 / 朱千华著. －－ 北京 ：五
洲传播出版社，2022.1
　　（中国人文标识）
　　ISBN 978-7-5085-4566-0

　　Ⅰ．①功… Ⅱ．①朱… Ⅲ．①功夫(武术)－介绍－中
国 Ⅳ．①G852
　　中国版本图书馆CIP数据核字(2021)第013487号

作　　　者：朱千华
封面图片：罗品禧
地图绘制：刘凤玖
插　　　画：蔡炜荣
图　　　片：图虫创意/Adobe Stock　tpg/dreamstime
　　　　　　视觉中国　中新网
出 版 人：关　宏
责任编辑：梁　媛
装帧设计：青芒时代

功夫：武术与家国理想

出版发行：五洲传播出版社
地　　　址：北京市海淀区北三环中路 31 号生产力大楼 B 座 6 层
邮　　　编：100088
电　　　话：010-82005927，82007837
网　　　址：www.cicc.org.cn，www.thatsbook.com
印　　　刷：北京市房山腾龙印刷厂
版　　　次：2022 年 1 月第 1 版第 1 次印刷
开　　　本：710 mm×1000 mm　1/16
印　　　张：12
字　　　数：200 千字
定　　　价：68.00 元

| 序

中国功夫源远流长，在广袤的华夏大地上已经绵延数千年。最初，功夫是先民在自然环境中萌发的一种生存智慧。在后来的历史进程中，功夫的内涵不断发展丰富，成为充满哲理、启迪人生、培养家国情怀的中华传统文化。

现代中国功夫，糅和了中国传统武术，近代西方搏击、搏斗等技击术精华，形成了一套博大精深的武学体系，即以技击为中心，以强身为目的，与古代哲学、军事、教育、医学、养生学等或相互关联，或相互渗透，成为中华文明特有的文化现象。

中国武术思想，自古以孔孟儒家之仁为核心，以仁爱为根本。孔子尚仁，首先就是推己及人、由家及国的家国情怀。孟子重义，即能舍弃小我成就大我的大义之举。在中华民族每个危难关头，都有先天下之忧而忧、心系百姓的各路功夫高手奔赴疆场，保家卫国。这种对国家大义的信仰，自古以来一直被视为中国武术道德精神的最高追求。

南宋著名爱国将领、剑术高手辛弃疾（1140～1207年）率兵抗击金兵，北伐中原，收复失地。南宋民族英雄、岳家枪创始人岳飞（1103～1142年）自幼习武，一生驰骋疆场，率领岳家军英勇抗击金兵的侵略，虽遭奸臣陷害，却能宁死不屈,精忠报国。明代抗倭英雄、戚家拳创始人戚继光(1528～1588年),率领戚家军将进犯东南沿海的倭寇荡清剿灭。清代"大刀将领"关天培(1781～1841年)率领官兵四百余人守卫虎门炮台,抵抗英国侵略军,最终以身殉国。这些名垂青史的功夫英雄,为保卫国家和民族安危,秉存大义,不畏强暴,以尽忠报国之心,誓死抵抗外来侵略,谱写出可歌可泣的爱国壮歌。在此过程中,武术作为一种保家卫国的手段,在发挥军事功能的同时,也实现了崇高的爱国主义精神塑造。

除了这些浴血沙场的爱国将领,历代的武术家也将这种爱国精神付诸自己的实际行动,彰显出维护民族尊严的凛然正气和捍卫中国武术尊严的方刚血性。

近代思想家梁启超(1873～1929年)在《中国之武士道》一书中,列举自上古以来中华武士种种侠义爱国事例,以激励国人尚武救国。当时武林各派亦多以练武救国为宗旨。清末流传的《少林戒约》中明确规定"习少林技击者,必须以恢复中国为志意"。一代宗师,著名武术家孙禄(1860～1933年)被誉为"天下第一手",曾以一人之力,同时与五位日本柔术高手较量并取胜。著名武术家霍元甲(1868～1910年)不甘忍受外国拳师对中国人的嘲笑和欺辱,挺身而出,横扫擂台,大振国威。著名武术家韩幕侠(1877～1947年)在万国赛武大会上,三次打败号称"世界第一大力士"的俄国武夫康泰尔,向世界展示了中国武术的威力和中华民族的气节。这些功夫前辈在民族危难之时,用中国功夫捍卫了中国武术的尊严,提振了中华民族的民族自信心。

在中国人的眼里,家是最小国,国是千万家。这些功夫精湛的武术家,无不以自己的行动,使中国传统武术的家国思想得以发扬光大。

中国功夫流派众多,著名的少林、武当、太极、形意、八卦等门派都是中国武术的重要支流。20世纪60年代,一代宗师李小龙(1940～1973

年）在中国传统武术基础上，吸收西方拳击、自由搏击、空手道、跆拳道、柔道、泰拳等技击元素，独创了以风格凌厉、猛烈、刚毅、旋风般快攻打击为主要特点的现代武学体系——截拳道。功夫经过几千年的不断发展和演变，形成了武术实战的终极形式——散打。

1970年，李小龙的《李小龙截拳道》一书出版。书中阐述了拳道、武道的哲学及技术结构，强调了中国功夫的精髓在于自由搏击：不拘泥于任何固定套路和招式，在实战中根据具体情况随机应变，自由发挥。李小龙和他的截拳道将中国功夫带入了全世界的舞台上，使中国功夫赢得了更多人的关注与尊重。

中国功夫在世界上传播，除了李小龙，广大华人华侨也为此做出重大贡献。如菲律宾爱国华侨、著名武术家卢言秋，1937年在马尼拉创办了光汉国术馆，他不仅传授武术，还注重发扬中国武德扶危济贫的精神，对中国功夫在东南亚的传播做出了卓越贡献。

中国改革开放以后，很多身怀武艺的中国人移居海外，开办武馆，向当地人传授中国功夫；也有大量热爱武术的华侨华人、外国人来中国学习功夫。他们用自己的行动，不断推动着中国功夫走向世界，与世界上各种不同文化交流。

中国功夫因其独特的文化内涵，对世界技击运动也产生了深远的影响。一些国家的技击术直接来自中国武术的启蒙，如日本的柔道、空手道，朝鲜与韩国的跆拳道，泰国的泰拳等。

功夫，是中国几千年传统文化结出的硕果。尽管中国功夫的技击方式在不断变化，但中国功夫匡扶正义、保家卫国的情怀一直未变。翻开中国功夫历史可以看到，无论哪一页，字里行间都写着醒目的"家国"二字。这是中国功夫能够不断延续、不断发扬光大的原因所在。

目 录

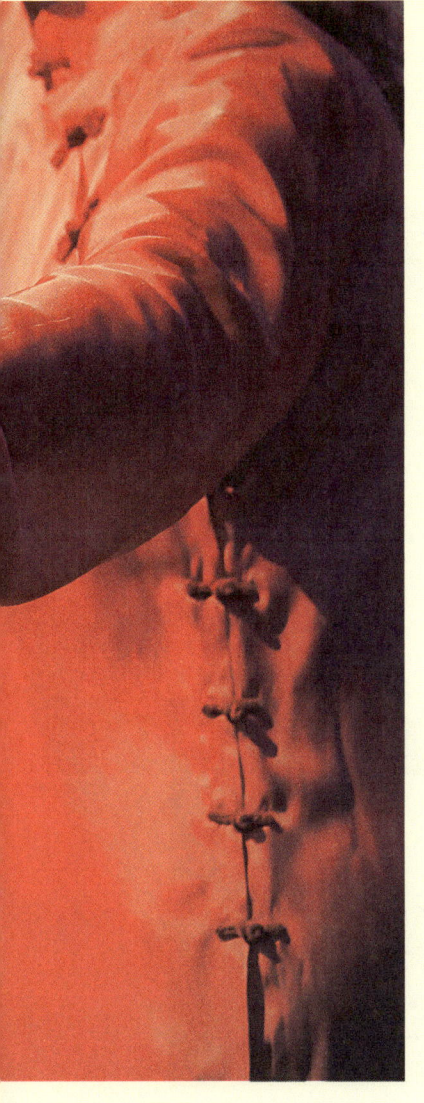

第一章

功夫，是武学体系
亦是历史传承

　　中国功夫源远流长。自其雏形始，已
在广袤华夏大地上绵延数千年。功夫是先
民在自然环境与社会环境中萌发、不断发
展的一种生存智慧，曾在中华民族史上起
到非常重要的作用。功夫蕴涵着丰富的人
生哲理、家国情怀和对于世界的辩证法，
它讲究刚柔并济、内外兼修，以技击为中
心，以强身为目的，与古代哲学、军事学、
教育学、医学、养生学等，或相互关联，
或相互渗透，形成了博大精深的武学体系，
成为中国文化特有的现象。

功夫　武术与家国理想

✕

PART 01
功夫和武术

"功夫，两个字，一横一竖。错的，倒下。对的，站着。"电影《一代宗师》里叶问如是说。

叶问的高徒、中国杰出武术家李小龙说："功夫是一门哲学，是道教和佛教哲学极为重要的组成部分，是逆境中的给予，是先屈后伸的智慧，是对所有事物的耐心，是从生活中的错误和教训中获得益处的行为。这些就是功夫艺术的多面含义。功夫会教给我们生活和保护自己的方式。"

1971 年 12 月 8 日，李小龙在香港 TVB 演播室接受加拿大著名电视节目主持人皮埃尔·伯顿（Pierre Berton）专访，阐述了自己对功夫的独到见解："摒除杂念。千变万化于无形中，就像水入杯，即为杯形，入瓶，即为瓶形，入壶，即为壶形。静，若行云流水，动，则骇浪滔天。"

这是李小龙所创造的"截拳道"理念。截拳道的意思是，阻击或截断对手的进攻，根据对手的进攻顺势反击。截拳道倡导搏击的高度自由和本能性，以无法为有法，以无限为有限，即不受任何招式套路限制，完全以人之本能反应来进行搏击运动和实战对抗。

这样做的意义，就在于可以完全摒弃一些功夫套路中华而不实、徒耗体力的招式，在最大限度节省时间和空间的基础上，充分调动身体各部位

练功夫真的能长寿吗？

中国功夫中，以道家武当派为代表的内功和导引之术，与武术相结合，形成了世界上独一无二的中华神功——内家拳法。中国功夫史上，太极拳、八卦掌、形意拳等内家功夫威震天下，涌现出杨露禅、董海川等众多传奇大侠。虽然许多国家都有传统的搏击术，但内功加技击相结合的习武方法，只中国一家，因而武术界有"练拳不练功，到老一场空"的说法。

最初的内功拳法以技击为主，经数百年发展，今已成为防治疾病、延年益寿的一项运动，其中又以太极拳最为普及。太极拳对心血管系统、呼吸系统、消化系统都能起到良好的作用，打太极拳可以通畅经络、血管等，增强抵抗力，从而提高自身免疫力。一代大师、被誉为"中国最后一位儒家"的梁漱溟，从小体弱多病，后以太极拳健身，数十年如一日，少有间断，享年95岁，而太极拳，则是梁漱溟毕生信奉的养生法宝之一。

的反应速度和力量，从而最快最有效地击败对手。可以说，中国功夫的精华，在于自由搏击。

截拳道的创建，是中国武术史上的一个里程碑。如果说武术与功夫有什么区别的话，在截拳道之前的传统武艺，或者说，未有西方现代搏击技术融入的武艺，皆可称为武术；自截拳道始，以传统武术为基础，融入了西方搏击技术的武术，可以称之为功夫。

所以，功夫是武术吗？毫无疑问，功夫就是武术，它是一条漫长的历史长河，由古至今汇聚而成。

根据《现代汉语词典》给出的解释，功夫有三层含义：①本领；造诣：他的诗功夫很深丨这个杂技演员真有功夫。②指武术：中国功夫。③（做事）所耗费的时间和精力：下功夫丨费功夫丨苦功夫。

武术二字，武者，止戈也。意即以武力制止对方的武力。术者，即方法、技术之谓，犹如道路，是通达目的的手段。

《中国功夫辞典》对武术的解释：武术，又称国术，武艺，我国传统体育

✕ 少林寺学武的儿童

的主要内容之一。由踢、打、摔、拿、击、刺等攻防格斗技术,按照一定运动规律组成套路和对抗两种运动形式,用以锻炼身体,防御自卫。

由此可见,武术的词义可解释为:以徒手或兵器进行搏杀格斗,以抑制对方武力的方法或技艺。它所体现的本质特征是攻防技击。

在中国古典哲学中,用道来表示宇宙万物的本源,传统武术汲取这一思想,认为道也是武术最本质的特征。《老子》云:"道者,万物之奥,似万物之宗。"又云:"天下万物生于有,有生于无。无即是道。"无极一词,即源自《老子》。

太极拳是中国著名传统武术种类之一,其理论基础来源于《易经》:"易有太极,是生两仪。"据此,太极拳衍生出阴阳、动静、刚柔、虚实等相反相成、互为因果的千变万化。其他各门类传统武术的形成大体与此类似,共同构成中国传统武术的哲学思想。

PART 02
功夫进化史

中国武术源远流长。原始社会人少而兽众，在如此恶劣的环境中生存，人类首先面临的是人兽之间的较量，于是武术最原始的技击开始萌芽。原始技击动作主要是徒手动作，如奔跑、跳跃、闪躲、滚翻、拳打、脚踢等，然后辅以石块的打击与投掷，这是武术器械的原始形态。

新石器时代，原始部落之间的战争，除了徒手搏斗，更多的使用棍棒、石器、刀具、弓箭等器械，中国武术也随之诞生。其中，弓箭的发明是中国武术史上的一个里程碑。在此后相当长的历史时期内，中国武术一直伴随着历代战争，不断发展、丰富、成熟，成为中华民族优秀文化的重要组成部分。

夏商周时期，青铜工具的大量使用带来了生产力的快速发展，武术与战争更加紧密地联系在一起。当时华夏族活动的主要区域为平原地区，地势开阔，战争工具主要以战车为主。战车上常用的兵器有五种：戈、殳、戟、酋矛、夷矛，这些都是长柄，故也称为长兵。同时，这一时期的武术还开始出现手搏与角力。搏者，徒手格斗也。徒手技击不限于人与人，也可能在人与猛兽之间。《诗经》中记载"祖裼暴虎，献于公所"、"搏兽于敖"等等，都是徒手搏击的真实记录。

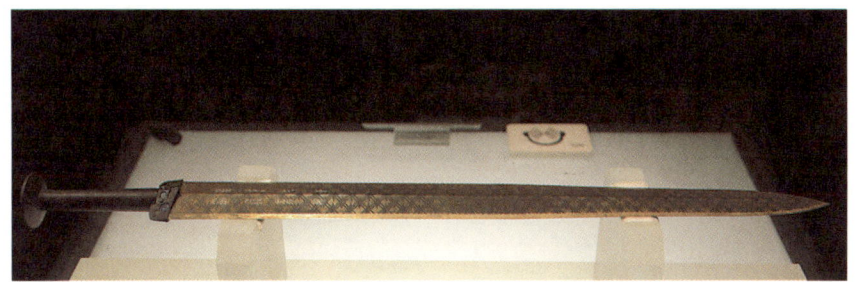

✕ 越王剑

　　春秋战国（前 770 ~ 前 221 年）是中国历史上群雄争霸、战争频繁的时期，铁器的出现，使战场上的各种武器出现了新的变化，原来的青铜兵器逐渐被铁兵器取代。可以说，春秋战国时期是中国的"剑器"时代。四川奉节发现的战国"巴式剑"、湖北江陵发现的若干越王剑，堪称稀世之珍。这个时期，武艺精湛的剑术家不断出现。越王勾践为复仇准备伐吴，大臣范蠡向他举荐了一位女剑术家，后来被封为"越女"。与此同时，"拳搏"活动普遍开展，当时被称为"搏"或"相搏"，其动作快捷迅猛，如雷电疾风，所向披靡。这一时期，赵武灵王实施"胡服骑射"政策，锐意改革，国力强盛。"骑射"作为武术的基本技能，一直流传到 20 世纪初。

　　公元前 221 年秦统一中国，秦王朝成为中国封建社会的第一个王朝。中国武术在秦汉时期（前 221 ~ 220 年）有了很大发展，武术流派开始出现；武术著作较多地面世，如《李将军射法》《手搏》《剑道》等；在军事上，刀逐渐取代剑，剑逐渐转移为非军事用途。汉代的刀术、剑术以及角抵活动开始东传日本。后来，角抵在日本不断演变，成为现在的相扑运动。

　　中国的魏晋南北朝时期（220 ~ 589 年）是一个分裂和动荡的时期，长期的战争促进了军事和武术的发展，民族文化的融合和影响促进和丰富了武术的内容。这一时期，佛教与道教开始与武术结缘，对中国武术的发

✕ 剑

展产生了重要的影响。

武术一词,最早见于南朝颜延之(384～456年)的《皇太子释奠会作》:"偃闭武术,阐扬文令。庶士倾风,万流仰镜。"其中的"武术"与军事技击相关,与"射御""角力"等词语意思相近。汉代以后,与武术相关的"武艺"一词开始出现,并被广泛使用。

隋代(581～618年),国家有了武举的雏形。到唐朝武则天长安二年(702年),武举制度正式确立。唐代政治较开明,不设夷夏之防,中央王朝、内地与少数民族及外国交通联系紧密,使得游侠剑客有了自由活动的环境,北方少数民族的尚武习俗得以与中原互相渗透,出现了尚武任侠之风,佩剑成为时尚,角抵、角力、手搏、相扑及相搏等活动丰富。

两宋时期(980～1279年),民族矛盾、阶级矛盾尖锐,战事频繁,武术发展到成熟阶段。宋代统治者重视对军队进行训练,由中央派遣武艺高强的武术家到各路部队充任教头。宋代的武术器械比较复杂,所谓十八般武艺已经出现,武术家可以在瓦舍勾栏进行公开的武术表演。相扑在宋代已是一种广泛的民间武术形式,甚至出现了女子相扑。男子的手搏已是一种复杂的拳种,可以肘、掌、拳、脚并用,且身体能翻身旋转,击打迅猛有力。

这时的北方游牧民族以狩猎为主，他们以剽悍的骑射技术与两宋政权对抗，继而进入中原建立元朝。在与汉民族长期交融的过程中，北方游牧民族的武术和中原武术相互影响，形成了具有本民族特色的武术套路和器械，比如马上飞掷的标枪、日月轮、乾坤圈等，都是中国武术文化的组成部分。

到了明代（1368～1644年），中国武术流派纷呈，风格迥异，武术体系开始形成。明代东南沿海倭寇猖獗，在长期的抗倭斗争中，中国武术也发挥了重要作用。

清代（1644～1911年），中国武术蓬勃发展。由于清末大量使用火器，武术更多地由军事转入民间。民族矛盾尖锐、社会动荡等原因导致清代秘密结社盛行，练拳习武是这些组织共同特点之一。这时的武术与道教养生、内丹术和导引术等进一步结合，武术、气功在这一时期得到发展，并逐步形成武术内功。在此基础上，太极拳、形意拳、八卦掌等一批注重内功修为的新拳种出现，并形成独立体系。

1911年辛亥革命后，各界人士倡导"强国强种"，中国传统武术引起了人们的重视。一些有识之士组织各种以进行武术研究，开展武术活动为宗旨的社团，影响较大的有霍元甲

中国—东盟武术节

2011年12月16日，首届中国—东盟武术节在广西南宁开幕，来自中国、文莱、菲律宾、新加坡、越南、柬埔寨、老挝、泰国、法国、加拿大、德国等国家和地区的50余支代表队的535名运动员、教练员"以武会友"，共同推进中国与东盟体育文化事业的交流合作。

中国—东盟武术节自2011年开始，每两年举行一届，为东盟各国的武术爱好者提供交流、切磋、展示技艺的平台，不仅在东盟各国拥有较高的知名度，而且也吸引、带动了其他一带一路国家的武术爱好者前来参赛，为世界各国功夫爱好者提供了一个相互交流、切磋技艺的盛大聚会。

练武有哪些注意事项？

学习功夫就是一场人生修行。练武者，首先要讲武德："学拳以德为先，凡事恭敬谦逊，不与人争，方是正人君子，学拳宜作正大之事，不可恃艺为非，以致损行败德，辱身丧命。"《少林拳术秘诀》中说："师之授技，须先考察其人之性情、志气、品格"。

其次是恒心以及勤苦。"恒心"体现了习武者的意志、坚韧、和自制力。"勤苦"则是长期习武实践的行为要求。《少林拳术秘诀》中说："既得方术，要以恒心赴之，勤敏持之，不可中道停辍。"

再次是智勇，"智勇"是指具有智慧、悟性和胆识。

最后是循序。学习功夫是一个循序渐进的过程，切勿急于求成，必须反复实践，由简到繁，由易到难，方能逐步掌握功夫之精髓。

（1868～1910年）创立的精武体操学校，后改名精武体育会。它"以提倡武术，研究体育，铸造强毅之国民为宗旨"，广罗全国武术名家，培养技击人才，融合众家之长，消除门户之见，运用多种形式传播推广武术。

1949年，中华人民共和国成立，中国的传统武术获得新生。大量的武术套路、武术器械被发现、挖掘、整理。各种武术赛事层出不穷。1982年12月，国家体委在北京召开了第一次全国武术工作会议。1985年3月，国家武术研究院成立。

2020年1月8日，在瑞士洛桑举行的国际奥委会执委会会议，将武术列入第四届青年奥林匹克运动会正式比赛项目，这是武术首次成为奥林匹克系列运动会正式比赛项目。

如今，中国武术跨出国门，成为世界各国人民喜闻乐见的一项集自卫、健身功能于一身的运动。

2020年3月8日，第248期终极格斗冠军赛（UFC）于美国拉斯维加斯大都会体育馆隆重举行。

终极格斗冠军赛的英文全称为 Ultimate Fighting Championship，是目前世界上规模最

大的顶级职业综合格斗赛事（MMA）。综合格斗比赛使用分指拳套，赛事规则既允许站立打击，亦可进行地面缠斗，比赛允许选手使用拳击、巴西柔术、泰拳、摔跤、武术、跆拳道、空手道、柔道、散打、截拳道等多种技术，被誉为搏击运动中的"十项全能"。

在全场山呼海啸般的呐喊助威声中，中国首位 UFC 冠军张伟丽，在五个回合里，以点胜击败波兰选手乔安娜，成功卫冕金腰带，成为女子草量级世界冠军。

UFC 创始人、总裁白大拿（Dana White）表示："这场冠军战必将进入 UFC 名人堂的'经典对决'单元。两位高手激战五个回合，这是一场真正的冠军之战。张伟丽的体能确实很棒，她是一个难缠的对手，从没有在比赛中放弃过，她证明了自己可以承受重击。这场冠军战是女子草量级历史

想学功夫要去哪儿？

在古代，要想学功夫，需要拜师学艺。拜师既是对老师技艺和辛勤付出的一种肯定，也是文化和技艺传承的最佳方式和途径，是表明自己学艺的诚意和传承的责任。各流派名师开山收徒，是为了使传统技艺与文化精髓得以正脉传承，代代相传。

现代社会，功夫已深入人心，目前，全国各地正规的武术学校比较多，要想学习功夫，可以选择有办学资质的一些武校系统学习。

上最精彩的对决。"

比赛结束后，张伟丽接受了媒体的采访，她谈到了中国传统功夫对她的影响："我把中国武术融入了 MMA。因为 MMA 是一个包容性的运动，它可以融入各种各样的技术，中国摔跤非常非常好用，然后利用旋转啊，重心啊，就是破坏对手的重心去摔倒。还有就是八卦掌这种步法，在现代格斗里面是没有的，但是中国传统武术有很多如 Z 字步啊，那种步法非常好。中国武术是讲究练根。练功夫，你要有根，所以我现在也一直在练自己的脚。根稳了，移动也快，出击的动作会更稳；要是没有根的话，动作就飘了。我一直在想，怎么能把（传统武术）的一些精华融合进来。"

关于综合格斗与中国功夫的关系，白大拿在此前一次新闻发布会上提到了李小龙："李小龙对我的影响很大，可以说他是综合格斗之父。也正是在他的影响下，我才爱上了中国武术，也才有了办 UFC 赛事的初衷，并一直走到了今天。"

风靡全球的综合格斗让观众充分领略了各种格斗技术的碰撞与交融，不少中国的综合格斗爱好者都在期待着在 UFC 赛场上能够更多地看到中国人的身影。

早在三四十年前，李小龙就提出过"综合格斗竞技"的武术理论。李小龙在美国武术界的宗师地位，是连接 UFC 和中国武术的最好桥梁。

第二章

武术精魂，灿然华夏

中国武术之缘起，最早可追溯到原始社会。部落之间的占有与反占有、掠夺与反掠夺，导致经常发生争斗。经常性的部落战争锻炼并提高了人们的搏斗技能。随着生产力的发展，冶炼技术出现，冷兵器时代开始，各种先进的武术器械也应运而生。经过各个朝代的千锤百炼，终于形成了具有华夏民族性格的特色技击术：功夫。同时，中华大地上也涌现出无数优秀的功夫高手，他们身怀绝技，或行侠仗义、除暴安良，或奔赴沙场、保家卫国，表现出伟大的家国情怀。

功夫　武术与家国理想

×

醉里挑灯看剑　梦回吹角连营

PART 01
武术的起源

中国武术的起源，与我国远古祖先的生产劳动密不可分。在生产力十分低下的原始社会，森林、草地、平原、山谷、丘陵、溪涧等自然环境中，毒蛇、猛兽是大自然的主宰，当它们猛扑过来的时候，人类必须要学会躲闪与隐藏。这是武术最原始的雏形，后演化为武术技击中最基本的动作：闪展腾挪。

闪展腾挪，武术最原始的雏形

一万年前的新石器时代，人类已经可以制作并熟练使用石制工具。面对猛兽进攻，人类用石块、石刀、木棍、弓箭等工具还击，并运用这些工具捕猎。这些原始工具在数千年岁月中没有太多变化，成为中国武术最原始的武术器械。

比如小石块，山区遍地可见，是一种最便捷的武术器具，若苦练，可练成一手绝活：飞石暗器。《水浒传》中有个人物叫张清，身手敏捷，绰号"没羽箭"，擅用飞石击人，百发百中，神出鬼没，靠手中石子一连打伤宋江手下十几员大将。归顺梁山后，座次排第十六位，担任马军八骠骑兼先锋使。

人类祖先在狩猎活动中徒手或使用木棒、石头等器具，从而逐渐积累了搏斗、劈、砍、刺等技能。这些简单的击打方法，很多都是基于本能、潜意识的身体动作，但这些击打技能却为武术的形成积累了一定的先决条件。可见，武术作为独特的社会文化现象，从本质上说，与中华民族文明的产生几乎处于同一起点。

部落战争与武术器械

新石器时期，武术已萌芽。氏族部落之间常发生战争。氏族成员在战场上，除徒手搏斗，免不了还要使用石器、木棍、长骨、长角、竹尖、箭矢等工具。这些工具是中国最早的一批武术器械，同时也是中国最早用于战争的原始兵器。

弓箭的创造，是人类文明史和中国武术史上的巨大进步。山西省朔州市峙峪文化遗址曾出土石镞等石器，证明中华先民早在 3 万年前后已能制造弓箭。弓箭是原始社会后期极为普遍的武器。《越绝书》记载："黄帝之时，以玉为兵。"就是说，原始部落之间的战争多以石制兵器为主。

蚩尤，在古代被誉为英武的战神，能征善战。同时，他也是一个力大无穷的角斗士，还发明了许多器械，一些沿用至今的武术器械都是蚩尤发明的。《世本》据说为先秦时期史官修撰，记载了从黄帝到春秋时期的帝王、

✕ 弩箭是农耕民族打击游牧民族的致命武器

诸侯、卿大夫的世族谱系，是一部对前代和当代各血缘集团系谱进行综合、总结的全国性总谱，被称为"族谱之源"。书中记载："蚩尤作五兵：戈、矛、戟、酋矛、夷矛。"

无论是狩猎还是战争，人们不得不奋勇争先，远则使用箭、石投掷，近则使用棍棒、刀斧、长矛进行捕斗、搏击，才能取得食物，并在部族中获得一席生存之地。

PART 02
商周武术：尚义践诺，轻财舍身

　　商周时期（前 1600 ～前 256 年），青铜工艺已达到较高水平，加上战争频繁，促进了武术的飞速发展，其突出表现是青铜武器的广泛使用。同时，人类徒手搏击虽在石器时代已有萌芽，但形成具有一定技巧的拳斗搏击之术，却是在商周时代。此时，孔子（前 551 ？～前 479 年）、孟子（前 372 ？～前 289 年）和荀子（前 313 ～前 238 年）等先秦儒家以仁爱、尚义、崇礼为标志的理论体系已逐渐形成。其中"士可杀不可辱"、"富贵不能淫，贫贱不能移，威武不能屈"等思想，与当时侠士的精神追求高度一致。儒士与侠士，都把名誉和承诺看得很重，成为后世儒侠之先祖。在他们身上，体现了一诺千金、忠于知己、入世报国、舍生取义等立世态度。

商周时代：家国与兵器

　　第一个奴隶制国家夏朝（约前 2070 ～前 1600 年）建立后，人们的国家和领地意识刚刚形成，部落为争夺食物和水源，或者吞并相邻部族，相

✕ 商代铜勾戟

互间不可避免要发生战争，一般人数在数千人。用"乡村械斗"来形容夏朝的战争非常形象。士兵们操着木质的棍棒互殴。夏代兵器种类，除新石器晚期已出现的石刀、石矛、锥、镞、斧、铲、棒等器具，还出现了文化史上极重要的发明——青铜。青铜兵器的铸造为武术器械打下基础。

剑，起源于商代（前1600～前1046年），在中国武术史上有着特殊地位。考古出土商周战车装备之武器可分三类：弓箭为远射兵器，戈、矛等为格斗、进攻器械，剑则为自卫武器。

商周时期的制剑术还处于初期阶段，商代的青铜剑形如匕首，柄首略曲，双锋刃，长30厘米左右，此为最早的古剑。西周（前1046～前771年）时，青铜剑形制较多，有马首柳叶形、脊柱形等，均较短小，多为肉搏自卫用。《初学记》引《释名》："剑，检也。所以防检非常也。"就是说，剑是在非常情况下防身自卫的。

✕ 阴晋右库戈，战国中期兵器铜戈

　　青铜冶铸技术的发明和发展，为制造青铜兵器创造了条件，军队与战争规模也随之扩大。青铜铸成的匕首、矛、镞等先进武器，在当时堪称精锐武器。

　　当时，这些冷兵器主要用于大规模战争。在敌我双方的刺杀与搏斗中，有些武器被淘汰，有些武器被改进。不管这些武器怎么变化，都为将来诞生品种繁多、门类齐全的中国武术器械打下了坚实基础。

　　商王不断兼并土地，战争规模不断扩大，一场战争常常动用兵力万人以上。商朝骑兵也初具规模，所用的青铜武器比夏朝品种更丰富，品质也精良。按用途可分为远射兵器，如箭、镞等；格斗兵器主要有戈、矛、戟、殳、钺等。

商周时代，揭开了华夏文明的第一页，也是中国武术文化开端的时代，青铜兵器的多样化及其演进，为中国武术史留下了辉煌的篇章。

早期武术主要用于部族间纷争

中国进入奴隶社会后（从公元前 21 世纪至公元前 476 年），伴随着君主制度的诞生而产生家国天下，华夏族逐渐形成。此时家在国前，先有家才有国，民可以无国，但国不可无民，许多个体的家聚在一起，才有国家。

西周（前 1046 ~ 前 771 年）依礼制宗法原则建构起大宗族、小宗族的结构，形成了一个井然有序的政治实体，使族权和行政权合二为一，家族和宗族同时享有政权和族权的双重权力。家庭即是国家的缩影，国家是家庭的扩大。

当时的华夏大地密林丛生，虎豹等猛兽成群。在长期生活中，人们形成了一套对付猛兽的办法。据《史记》记载，"夏桀、殷纣手搏豺狼，足追四马，勇非微也"。那时的徒手功夫主要是为了与猛兽搏击，后世的象形拳与搏击术，即由此而来。

早期武术主要用于部族之间的纷争。纷争中，人们以使用弓箭与长兵器为主。也有一类短兵器——匕首和剑，短小轻便，利于携带防身，既可作进攻，也可用于近身自卫。当国家被外来部族侵犯的时候，奴隶会在奴隶主的带领下共同对外，守护乡土，保卫国家。

PART 03
春秋战国：刺客的荣光

　　《史记》（写于前 104～前 90 年）是中国历史上第一部纪传体通史，以不虚美、不隐恶的实录精神，塑造了一大批栩栩如生、光辉夺目的人物形象。其中，司马迁对刺客这个特立独行的群体特别重视，专门为之列传。这些刺客，正处于春秋战国这个社会大变革的历史时期。刺客与功夫、武术器具等密切相关。他们的功夫如何、武器如何，都会直接影响到行刺的效果。这是一个让人血脉贲张的时代，有那么一批侠士，或出于义愤，以血肉之躯反抗暴政；或出身草莽却一诺千金，愿为知己者死。他们疾恶如仇，无论隐身于野，还是寄生于肆，都心怀故国。他们的侠客精神中包含了个人的情感和实现个人价值的愿望，形成了一种至今不衰的侠义精神。

春秋战国多力士

　　春秋战国时代（前 770～前 221 年），各国逐鹿中原，战乱不休。除大规模作战之外，个体之间徒手角力、拳搏等技击术已经出现。

拳搏技术的发展，主要还是体现在人与人的徒手角力。在周代（前1046 ~ 前256年），习练搏斗是军事训练的重要内容。《礼记》（传成书于公元80年，为西汉礼学家戴圣所编的记录中国古代典章制度的儒家经典著作）："孟冬之月，天子乃命将帅讲武，习射御、角力。""凡执技论力，适四方，裸股肱，决射御。"

这表明周代挑选武士，要考查武艺与勇力，在冬天要进行包括角力在内的武艺训练。所谓"裸股肱，决射御"，即上下肢均裸露，徒手搏斗、角力及射御等。

角力，也称手搏、相搏、拳搏等，这是人类早期的徒手武术，是原始先民在狩猎、田猎活动中与猛兽搏斗逐渐形成的一种技击术。

早期手搏术，原始而厚拙，并不以速度、技巧制胜，而是拼蛮力，以力气大小取胜，今称之为大力士。史载，古代一些国君、王侯都是孔武有力的汉子，他们凭借无人能敌的手搏功夫问鼎王位，成一代君主。

夏桀，夏朝末代君主，历史上有名的暴君，却也力大无比，能手搏豺狼，足追四马，还能将粗大的铜钩扳直，把坚硬的鹿角折断。

商纣王，商朝末代君王。司马迁在《史记》中说他能"手格猛兽"。他还有绝活：托梁易柱，就是说，他能用手托起房梁，更换柱子。

东周（前770 ~ 前256年）的秦武王，体壮威猛，好勇力，以重金招揽天下大力士。他天生神力，常和手下勇士以角斗为乐，勇力过人者，都给奖赏。秦武王举鼎却被鼎砸死之事，《史记》《战国策》均有记载。乌获、任鄙、孟贲因角斗凶狠，武力超群，是秦武王手下的三员猛将。他们的力气大到什么程度？据记载，乌获臂力千钧，有万夫不当之勇，善使一双铁戟。那双铁戟多重？三国时，曹操帐下有位猛将名典韦，力大无穷，也使一双铁戟，重80斤。而乌获的一双铁戟重达180斤。

✕ 后母戊鼎

　　史书上记载的力能扛鼎的猛人、牛人比比皆是。如：《史记》记载，项羽长八尺余，力能扛鼎；刘邦的小儿子刘长"力能扛鼎"。《汉书》（中国第一部纪传体断代史，主要记述了上起汉高祖元年，即公元前 206 年，至新朝王莽地皇四年，即公元 23 年，共 230 年的史事）里说汉武帝之子，广陵王刘胥"力扛鼎，空手搏熊羆猛兽"。《北齐书》（唐代史学家李百药撰写的一部纪传体断代史）记载北齐上党刚肃王高涣"及长，力能扛鼎，材武绝伦。"东汉有位大臣叫虞延，也是"力能扛鼎"。

　　史书中记载的这个"鼎"，到底有多重呢？

　　迄今世界上出土的最大、最重的青铜器，就是著名的后母戊鼎（约铸于公元前 14 世纪至前 11 世纪之间），重达 833 公斤。如此巨鼎，任何人力也无法扛起。目前，人类挺举最高纪录为 266 公斤，由苏联莱昂尼德·塔拉年科（Leonid Taranenko）在 1988 年创造，至今无人超越。

除后母戊鼎，西周青铜器的最大者为淳化大鼎，重226公斤；秦鼎最大者，为秦始皇陵陪葬坑出土的青铜大鼎，重212公斤。这两种鼎器与现在挺举的重量相当。所以，史书上记载的"力能扛鼎"，其重量大约在200公斤以上。

扛鼎，是中国武术关于力量的真实体现。力道的形成，除了天生孔武有力，还有日常生活中的劳动训练，比如，与牛的角力，与猛兽的搏斗等。身体强壮的大力士，常常受到君王的欢迎，他们粗壮威猛的形象体现了一个国家的实力。两国交战，有这样的壮士冲锋在前，可以鼓舞士气。

勇武过人的孔子

许多人印象中，孔子（前551？～前479年）应是谦虚礼让、温文尔雅的书生；是慈眉善目、博学多智的老者，而真实的孔子是什么样子呢？根据《史记》记载："孔子长九尺有六寸，人皆谓之'长人'而异之。"也就是说，孔子身高1.9米左右，身材魁梧，是个典型的北方高个儿。而且，真实的孔子不仅学问大，功夫也十分了得。

孔子十分推崇西周时代的"六艺"教育，即：礼、乐、射、御、书、数，且尤其擅长射和御两项。

射，不仅是一种体育活动，更是一种修身养性、培养君子风度的方法。射艺包括射箭及弹弓。《论语·述而》记载，孔子能射飞行中的鸟。

孔子还会御术，即驾驭战车。御术要比现在考驾照难得多。在当时，战车兵是军队的主力兵种，一个基本作战单位由一乘战车及其附属的徒步

士兵组成。

　　春秋时期的战争以车战为主。战车在崎岖的道路和地形复杂的丘陵上奔驰、战斗，驾驭者技艺的高低直接关乎将士的生死和战争的胜负，所以对车夫的驾驭之术有着严格的技术要求。

　　作为传授六艺的老师，孔子自然箭术精湛，驾车技术高超。63岁时，孔子还亲自为学生示范驾车。《史记》中记载，孔子的弟子三千，精通六艺者有72人。而且孔子人高马大，属真正的"孔武有力"，功夫更是不得了。但是，孔子留在后世的形象，几乎完全掩盖了他那传奇般的功夫。

　　孔子主张整个国家都尊崇周礼，主张贵贱、长幼、男女、上下有序。他用一生的精力来推行他的理想国。从这个意义上来说，孔子的学问、他的千钧之力和精湛的武功，都让他成为一个乱世中狂热的追梦人。

《诗经》中的武术与家国思想

至春秋战国时期（前770～前221年），中国武术的主体主要表现为战士与武器两方面。士兵手持各种武器进行训练，然后冲锋陷阵，这在古典名著《诗经》中有很多描写。这些内容除大量歌颂周代武功，更多呈现出一种朴素的爱国思想。

当时的国君为了解天下民意，采取了一种非常独特的形式：采诗，即派出官员走村串户，在民间搜集民谣、山歌等，以期从中看出各地百姓的生活状况，以及他们对于国君的态度。

夏朝派出的采诗官员称为"遒（qiú）人"，商朝派出的大臣称为"太师"。这些采诗大臣摇着铃铛奔走于各个乡间。周承商制，故采诗之制至周初仍盛。

春秋末期，孔子从西周初年至春秋中叶（前11世纪至前6世纪）的数千首诗篇中选出305篇进行编辑整理，这就是中华文明的重要经典、中国第一部诗歌总集——《诗经》。其中，战争所带来的家庭破碎、亲人离散，成了《诗经》战争诗中所呈现的家国情环和忧患意识。

《采芑》描写了周王朝的一次大规模的军演："薄言采芑，于彼新田，于此菑亩。方叔涖止，其车三千。师干之试，方叔率止。乘其四骐，四骐翼翼。路车有奭，簟茀鱼服，钩膺鞗革……"（《诗经·小雅·采芑》）

这首《采芑》壮美激昂，具有强烈的爱国主义色彩。在新田和菑（zī）亩的旷野上，战鼓隆隆、马蹄声碎、军旗猎猎。高大威武的主将雄姿英发，乘坐一辆红色的战车冲锋向前。在雷霆般的战鼓声中，战车保持着进攻的阵形，战士们在响彻云霄的喊杀声中向前冲去。

这是中国军队早期的风采，也是中国武术用于大规模实战的经典画面。

《小雅·渐渐之石》是一首将士远征之歌，表达了将士们为了保卫国家，不惜翻山越岭，劳师远征："渐渐之石，维其高矣。山川悠远，维其劳矣。武人东征，不皇朝矣……"

这是一首沉郁而悲壮的诗篇。全诗背景是战士们在出征途中，看到耸入天际的崇山峻岭，道路艰难险阻，身体也因跋山涉水而疲劳不堪，但即便是再大的困难也要克服。失败了，就魂归他乡，所有亲人都会沦为异族的奴隶。胜利了，则载誉而归，继续守护美好的家园。

此外，《诗经》中还有相当多的爱国诗篇，如《伯兮》《东山》《采薇》等作品，其内容皆由家及国，家国同构。中国武术早期思想体现在反对外族入侵而四处征战的将士们身上，那就是对于家国的热爱与忧患意识。

胡服骑射：师夷长技以制夷

公元前325年，赵武灵王（前340～前295年）继位，摆在他面前的是个烂摊子。赵国位于列国最北，与阴山河套一带的楼烦、鄂尔多斯草原的林胡、张家口长城以北的东胡接壤，时常受到"三胡"骚扰。每每与胡人发生战争，赵国经常惨败。经过仔细分析，赵王明白了其中失败的原因。

赵国北部多山地丘陵，中原国家常用的战车显得十分笨拙，转圜不便，无法组织战斗。相反，"三胡"的骑兵倒是风驰电掣，机动灵活，特别是骑射，在战场上可谓神出鬼没，如入无人之境。赵王思索良久，痛下决心：发展骑兵，实施"胡服骑射"计划，易胡服，改兵制，习骑射。

但是，赵王的"胡服骑射"计划，遭到了群臣们的极力反对。因为自

✕ 战国时期各国分布图

古以来，"华夏贵，狄戎卑"的观念已深入人心，赵国人根本看不起北边的胡人，怎么可能向身份卑贱的狄戎人学习，穿他们的服装呢？

中原华夏族的服装宽衣、博带、长袖，讲求儒雅大气，既能显示出每个人的高低身份，也是夷夏不同民族身份的标志。所以，当赵王宣布实施"胡服骑射"计划后，遭到了很多宗室贵族的强烈反对。

赵王丝毫不动摇，最终说服了大臣支持胡服骑射政策。士兵的宽袖改成了短衣窄袖，以便练习骑马射箭。军队大量起用身份卑微的狄戎人来培训骑马，指导射箭。朝廷设立军功制，鼓励赵国军民保家卫国，奋勇杀敌。

胡服骑射，是赵武灵王在国家生死存亡之际进行的一项伟大改革。赵国取胡人之长补中原之短，实际上就是在生活、文化、习俗、穿着等各方面向周边的胡人学习，从一个侧面增进了各族之间的沟通交流，也减少了

✕ 马上功夫

✕ 功夫的重要项目之一，箭术

赵国和胡人之间的矛盾。

终于，赵国训练出一支强悍的骑兵队伍。骑兵在战场上灵活机动，在列国中所向无敌。骑马射箭也由此成为中国武术的一门技艺，从此登上历史舞台。

刺客与家国命运

《史记》中的列传是用来记载帝王、诸侯等人物故事的一种体裁，记载了老子、商鞅、苏秦、吕不韦、李广等一系列妇孺皆知的人物。令人惊诧的是，司马迁还为我们留下了一篇特殊的《刺客列传》，向我们展示了一个对历史进程产生过重大影响的特殊职业——刺客。

《刺客列传》中，司马迁描述了春秋战国时期曹沫、专诸、豫让、聂政和荆轲等著名刺客的故事。古往今来，凡为刺客者，无不是身怀绝技、功夫顶尖的非凡人物。他们或精于剑术，或善于搏斗，或巧于刺杀，这些都是作为刺客必须掌握的技击能力。

中国功夫中真的有轻功吗？

武侠小说里，很多人物都会飞檐走壁，这就是传说中的轻功。文艺作品中的轻功是过度渲染的神话，但现实中，轻功却是真实存在的。少林轻功就有很多种，如蹿纵术、轻身术、跳跃法、一线穿等。轻功对人体速度、力量、灵巧、耐力、柔韧等身体素质要求较高。轻功之术，学之不易。学成轻功约需十余载，过程异常艰辛。尽管如此，所练之轻功也只是提升练功者的跑、跳、攀爬等技能而已。至于那种在原地一跺脚就腾空而起、飞跃屋顶的"轻功"，则违背力学原理，并不存在。

网络上一些人表演的飞檐走壁需要"借力"，即助跑、惯性、支点，便可身轻如燕，或徒手翻过两米多高的围墙，或徒手攀上二楼或三楼。这种飞檐走壁的功夫可以通过一定强度的训练得以实现。而历史上，怀此轻功绝技，用来保家卫国、扶弱锄霸的侠义之士，以及现代的特种兵、侦察兵、特警等，则大有人在。

以今天的眼光来阅读《刺客列传》，我们会发现，刺客们的献身精神不是毫无原则的。雇用者与刺客之间必是知己，也就是说，在信仰、认识、道义上都有着惊人的一致与认同，这其中有为忠义，为知己，也有很多是为国家利益，绝不会是毫无原则的买卖关系。

曹沫：一把匕首劫齐王

首先出场的刺客，叫曹沫，鲁国人。曹沫的功夫如何呢？司马迁给出了两个字：勇、力。即勇猛，力大。鲁庄公特别喜欢力大勇猛之人，就让曹沫担任鲁国的将军，统领军队。

曹沫虽勇力无比，却不是打仗的料。他率军队和齐国开战，三战三败。鲁庄公只得派使者去齐国求和。

按照约定，齐桓公和鲁庄公在柯地（柯，齐国西部边境城邑，位于今山东阳谷县阿城镇）会见，订立盟约，鲁国割地给齐国。盟坛上，曹沫看到因自己屡吃败仗，使得自己的国君在众目睽睽之下，割地给齐国，心中大怒。他趁人不备，悄悄走到齐桓公身后，抽出防身短剑架在齐桓公的脖颈上，逼着齐桓公不得不归还刚刚到手的鲁国土地。

专诸：武术与侠义品质

刺客列传的第二个人物，叫专诸，春秋时期吴国堂邑（今南京市六合区）人，屠夫出身，健壮有力。一次，专诸在街上与人干架，一人对付五六人，面不改色，从容应对，好几个人被专诸掀翻在地。有趣的是，专诸是个怕老婆的人，还曾被对他有知遇之恩的伍子胥嘲笑。没想到，专诸理直气壮地回答："能屈服于女子之手，必伸展于万夫之上。"让伍子胥十分敬佩，与之深交。

当时的吴国正在为谁来继承王位而吵得不可开交。于是，伍子胥把专诸介绍给了大公子姬光。专诸身体健壮，善使匕首，是难得的猛士，公子光十分喜欢，将其留在身边当保镖。

后吴王僚派兵攻打楚国，国中空虚，公子光与专诸策划了一套刺杀吴王僚的行动方案。

公元前515年，公子光在府上宴请吴王僚，说新得一厨，做得一手好鱼。吴王僚嗜鱼，便带领众多卫兵赴宴。

专诸端着鱼盘走向吴王，被卫兵拦下了。卫兵把厨子上上下下仔细检查一遍，未有发现。

搜身完毕，专诸端着鱼盘，走到王僚近前。这时，忽然从外面飞来一只鹰，撞击在大殿上，大家都抬头看鹰。就在这时，专诸从鱼腹中取出一把短剑，以迅雷不及掩耳之势刺向吴王。等吴王的卫兵反应过来时，吴王已倒在血泊中。专诸不甘就擒，以短剑与吴王的卫兵搏斗，怎奈剑太短，终被卫兵乱剑夺命。

不久，公子光自立为国君，也就是历史上著名的吴王阖闾。为了感谢专诸的功劳，阖闾封专诸的儿子为上卿。

对于专诸刺吴王，后人有不同看法。专诸，一介屠夫，生活在社会最底层。公子光看中的是专诸身上的侠义品质，把他好吃好喝地养起来，经常照顾他的家室，照顾他的母亲。公子光的用心深深打动了专诸。所谓士为知己者死，专诸愿意为公子光赴汤蹈火。当上吴王之后，公子光对专诸后人多有关照，可以说是对侠义精神的褒奖与敬意。

豫让：武术与忠义

公元前636年，晋国姬重耳即位国君，曾追随他流亡的那些大臣组成了一个世袭的贵族集团，由范氏、中行氏、智氏、赵氏、韩氏、魏氏这六大家族共享权力。但这六大家族之间意见不同，纷争不断，相互倾轧。

豫让，起初在范家和中行家当门客，也没什么大作为。范、中行两家败亡后，豫让改投智家，深受智伯重用，两人很快成为知己。后来，智伯被赵家的老大赵襄子杀害，头盖骨还被制成酒碗。

智伯如此下场，让豫让痛心疾首，决定遁逃山中，刻苦练武，伺机为智伯报仇，刺杀赵襄子。第一次，豫让伪装成泥瓦匠混入赵襄子家中，欲刺杀赵襄子，结果被发现。赵襄子敬豫让是义士，把他放走了。

第二次，豫让为复仇，将自己毁容，然后埋伏在赵襄子必经的路上，又被发现。赵襄子很不高兴，指责豫让，说："你曾经侍奉过范、中行氏，智伯把他们都消灭了，您为什么不替范、中行氏报仇，反而委身于智伯？智伯已死，你替他报仇，又有什么意义呢？"

豫让说："范、中行氏都把我当作下人看待，我也就像一般人那样对待他们。智伯把我当作国士优待，所以，我就要像国士那样报答他。"

赵襄子喟然长叹。

豫让又提出："今天我刺杀您，该受死罪，我认。但我有个请求，希望能得到您的衣服，我刺它几下，这样，我报仇的意愿也算实现。如此，我死而无憾。"

赵襄子答应豫让的请求，派人拿自己的衣裳给豫让。豫让拔出宝剑，先把衣报抛在空中，他持剑跃起，刺破衣服，然后拔剑自刎。

豫让以实际行动，践行了他"士为知己者死"的忠义思想。他对自己誓言的坚守，对忠诚的执着，就连被行刺者都为之动容。

豫让忠心报主的事迹，很快传遍赵国。据司马迁记载，豫让自死之日，赵国许多志士闻之，皆为涕泣。

聂政：武术与舍生取义

《史记》中记载的几个刺客中，有一位刺客的技击功夫令人印象深刻，后世称之为"大侠"，他就是聂政。

聂政是战国时期韩国轵人（今河南济源市轵城镇），精技击，以行侠仗义闻名乡里。年轻时，当地有个恶霸横行，聂政为民除害，杀死恶霸。因怕被人报复，聂政带着母亲、姐姐避祸齐国，以屠宰为业。不过，他骨子里的侠义性格不曾改变，遇有不平事，聂政依然爱打抱不平，以至于其侠义的美名越传越广。

有一天，聂政的屠宰摊前来了一位儒雅先生。他把肉摊上的猪肉全部买下来，付银之后，对聂政深深施一礼。没过几天，那位先生又来买了猪肉。聂政询问之下才知，此人叫严仲子，因听闻聂政为人侠义，特地来结交的。

严仲子究竟是何许人？他主动接近聂政，意欲何为呢？当时韩国的相国叫侠累，穷苦人家出身，却有个富人好友，叫严仲子。严仲子经常资助侠累，给他吃穿用度，甚至资助他外出游学。后来，侠累当上了韩国相国，严仲子想请侠累在韩王面前为自己说说好话。没想到，侠累是个嫉妒心特别强的人，担心韩王知道严仲子的才华，会威胁到自己的位置。于是，侠累在韩王面前不仅没说严仲子的好话，反而倒打一耙。

韩王听信侠累的谗言，要捉拿严仲子。严仲子只得连夜带着家人逃亡到齐国。安顿好家小后，严仲子四处打听哪里有功夫很厉害的刺客，想聘请其为自己报仇。很多人告诉他，聂政是个武功高强的侠客，若能请动他，诸事皆成。就这样，严仲子开始在暗地里观察聂政，时不时出现在聂政的屠宰摊前与其攀谈。他知道聂政孝顺母亲，立即拿出黄金百镒（镒，古代重量单位。每镒为 20 两）为聂母祝寿，然后坦白了自己找聂政的原因。

聂政感于严仲子的知遇之恩，又愤怒于侠累的忘恩负义，可是考虑到家中还有母亲和姐姐需要照顾，没有立刻答应严仲子的请求。直到两年后，母亲去世，姐姐嫁人，聂政才找到严仲子，同意帮他报仇雪恨。

于是，聂政仗剑至韩国，先摸清侠累的作息规律。待有一天，侠累从王宫回府，聂政以迅雷之势从大门闯入侠累府中，手持宝剑长驱直入，高呼："相国，我来了！我来了！"然后在大家都还没反应过来的时候，一剑刺死了侠累。

聂政行刺成功后，又凭借精湛的剑术杀死相府卫兵数十人，但终因寡不敌众，自知无法逃脱，便用宝剑毁了自己的容貌，自刎而死。

荆轲：天下命运，一刀之间

司马迁写《刺客列传》，共 6000 余字，荆轲刺秦王的事迹洋洋洒洒占了一半，可见司马迁对荆轲的欣赏与喜爱。

荆轲刺秦王事件，发生在春秋战国末期，公元前 227 年。

荆轲是战国末期卫国人。荆轲从小喜欢围棋，更喜欢剑术，有侠义之气。他游历许多地方，认识了一些剑术高手，后来游历至燕国，与勇士田光结识，结为好友。田光很看重荆轲，知他不甘平庸，定能干出一番大事。

燕国的太子丹曾在赵国作人质，后又被送到秦国作人质，好不容易才找到机会逃回燕国。而秦国在攻破了齐国、楚国和三晋后，意欲攻打燕国。与此同时，秦将樊於（wū）期得罪了秦王，逃到燕国，太子丹接纳了他，想让他留在燕国，却遭到老师鞠武的反对。鞠武担心秦王因此恼怒，并借此更加肆无忌惮地攻打燕国。太子丹犹豫了，一方面觉得拒绝樊於期，太过不义，一方面又担心陷国家于危难之中。鞠武便将田光引荐给太子丹，说此人智谋深远，可请教一二。田光又将荆轲引荐给了太子丹。

太子丹很欣赏荆轲，对他说："如今秦王，野心膨胀，想占尽天下土地，

使各国君王向他臣服。我燕国弱小，就是调动全国力量，也挡不住秦军的进攻。我私下有个不成熟的计策，那就是刺杀秦王，只有这样，我们这些小国才有活路。想来想去，我觉得此等重任非荆卿兄不能胜任。请您不要推脱，为的不是救我，而是救这一国的黎民百姓。"

荆轲见太子丹如此诚恳，就答应了。当即，太子丹封荆轲为上卿，为他安排了住处，还天天去看望荆轲。

过了很长一段时间，荆轲都没有行动的意思。这时，秦将王翦已破赵国，俘虏赵王，并将赵国领土全部纳入秦国版图。秦军向北挺进，已到燕国南部边界，燕国危在旦夕。太子丹请求荆轲出击。

荆轲说，只有献出樊将军的首级，并附上燕国督亢（地名，战国时燕国的膏腴之地，今在河北省涿州市东南督亢坡）的地图，一同献给秦王，秦王才会动心，进而接见，如此才有下手的机会。

太子丹不忍对樊将军下手，荆轲就私下去见樊於期，说如想报秦王屠杀他血亲族人的仇，就需要献上他的人头，并将自己的计划说了一遍。樊於期深以为然，嘱咐荆轲一定要替自己报仇，而后拔剑自刎。

为保证刺杀成功，太子丹为荆轲准备了一把锋利的匕首。这把匕首非同寻常，是找赵国著名的匕首工匠徐夫人专门订制的，上面用了剧毒。太子丹还派了燕国的勇士秦舞阳随荆轲一起行动。

荆轲、秦舞阳出发当日，太子丹送行。一行人来到易水河边。荆轲一边前行，一边唱着那句千古绝唱："风萧萧兮易水寒，壮士一去兮不复还！"

到了秦国，为了能接近秦王，荆轲带着很贵重的礼物贿赂秦王宠幸的大臣蒙嘉，请他在秦王面前为自己一行人说好话。

蒙嘉即去禀报秦王，说燕王愿纳贡称臣，不仅砍下了樊於期的首级，还带上了燕国督亢的地图，派使臣前来进献。秦王非常高兴，在咸阳宫召见燕国使者。

荆轲捧着地图，秦舞阳捧着樊於期的首级入宫。没想到，勇士秦舞阳因为害怕，竟然紧张到发抖，引得众人疑虑。荆轲却很淡定地说，秦舞阳是个乡野之人，没见过天子，所以害怕，望大家不要见怪。

秦王首先查看了樊於期的首级，确定无误，随即让荆轲递上燕国的地图。

荆轲把地图献上，秦王轻轻展开地图。图卷展到尽头，一把锋利的匕首露出来。荆轲动作迅猛，在大家还没反应过来之前，一手抓住秦王的衣袖，一手拿匕首，猛地刺向秦王。秦王大惊，挣脱开来，抽身而出，慌忙中拔挂在腰间的剑，没想到剑太长，拔不出来，一时惊慌失措，下意识躲避。

荆轲手持匕首追赶秦王，秦王绕柱逃命。由于慌乱，秦王手握剑柄，连拔三次都未拔出，后来还是大臣高喊"王负剑！王负剑！""王负剑"意思是"大王，您把剑鞘往背后移，就能拔剑了。"秦王才想起把长剑推到背后，然后拔剑。长剑出鞘，形势一下子转变。秦王砍断了荆轲的左腿。荆轲忍痛举起匕首直接投刺秦王，却击中了铜柱。自知刺杀失败，荆轲不再反抗，倚着柱子大笑，被秦王的卫兵们刺死。

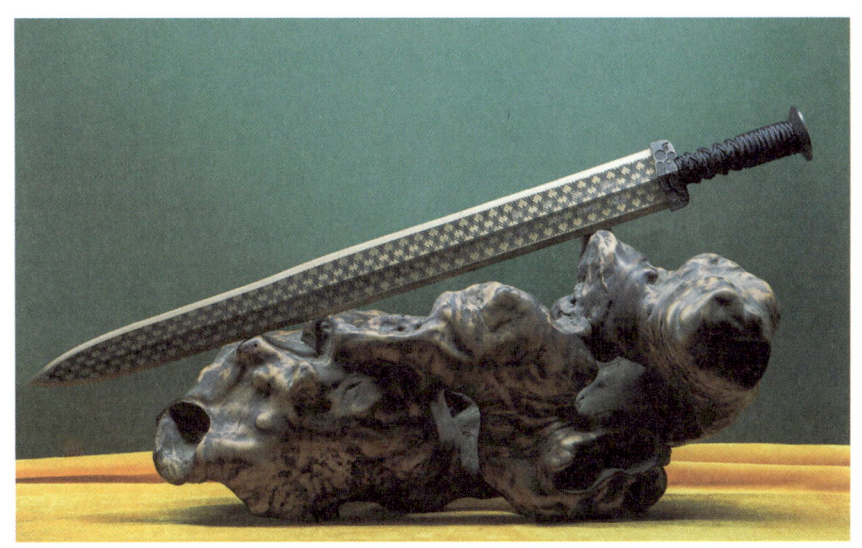

✕ 仿制青铜剑

　　秦王侥幸躲过一劫，燕国的悲剧却从此开始。秦国用五年时间灭掉燕国，俘虏了燕王喜。荆轲的一把匕首，最终导致了燕国的提前灭亡，同时也加快了大秦帝国的统一进程。

　　通常来说，在武术器械比试中，剑和匕首的对抗十分罕见，因为两种兵器完全不对称。战国时期的青铜剑长度一般在 50 厘米到 65 厘米之间。1974 年，考古人员在兵马俑坑中发现过一把超长青铜剑，长度竟然超过了 91 厘米。由此推测，当年秦王的佩剑可能超过了 90 厘米，所以在慌乱之间，正面拔剑才会拔不出来。

　　就武术的技击而言，司马迁记录的五位刺客还是以蛮力为主要力量，缺少武术应有的灵活与技巧。这五位刺客都以"士为知己者死"为人生准则，代表了先秦时代中国人的性格：勇敢、进取、自尊、责任，为了家、国、正义等无所畏惧，赴汤蹈火。他们是中国武术史上星光闪耀的人物，放射出独特的光芒。

PART 04
汉朝：战将如星般闪耀

    汉朝（前206年～220年）是中国历史上名将辈出的时代。汉代尚武，为对付北方匈奴人，汉朝大力提倡民间习武。晁错建议："居则习民以射法，出则教民以应敌。"以至于汉朝成为中国武术史上箭术最辉煌的时代。

    在汉代，中国武术已上升到理论高度。班固的《汉书·艺文志》把当时的兵书分门别类为《兵权谋》《兵形势》和《兵技巧》。其中《兵技巧》有十三家，共一百九十九篇，所记载的大都是射法、手搏、剑道等武术门类，因此，《兵技巧》被视为最早的武术著作。汉朝人称手搏为抃（biàn），习武时很注重力量锻炼，当时民间流行的方法有"翘关""扛鼎"，西楚霸王项羽便"力能扛鼎"。在东汉末年乱世中，功夫不凡者甚众。三国时，有第一猛将之称的吕布，擅长手搏，功夫精湛。《三国志》记载："（董卓）拔手戟掷（吕）布，布拳捷避之。"

飞将军李广：不教胡马度阴山

秦汉时期，匈奴族一直活跃于我国北方草原。当时的匈奴控制了长城以北的很大一片地区。

秦始皇筑长城，主要就是为了抵抗北方匈奴的袭击。历史上，匈奴一族剽悍异常，以骑兵著称，擅长骑射。在很长时间里，中原地区多以步兵协同战车为进攻主力，与灵活机动的北方骑兵相比，这种作战法显得非常被动。

从赵武灵王开始，中原开始"师夷制夷"，骑射战术被引进中原。从此，中原骑兵与匈奴骑兵的较量正式开始。西汉时代，在无数次征讨匈奴的战争中，诞生了许多赫赫有名的英雄人物，其中，李广（？～前119年）、卫青（？～前106年）、霍去病（前140～前117年）等，都是中国历史上如雷贯耳的战将。

李广，陇西郡成纪（今甘肃天水市秦安县）人，民间有很多关于他的传说。他的父亲叫李尚，善箭术，当过县令。李广的祖父李信也是个骑射高手。

李广自幼习武，由李尚亲传。李广苦练三年，百发百中，非常骄傲。李尚却不以为然，说只有射落飞鸟才算箭术有成。

李广尝试着射树上的小鸟，没中，才知道自己的箭术还差得远。从此，李广刻苦练箭，最终达到骑射飞鸟的境界。

骑射飞鸟，是中国箭术的最高境界，因两者距离有远近，且都在移动，能射中者堪称神箭手。有一天，李尚带着李广外出打猎，一只飞鸟掠过，李广疾骑而行，张弓搭箭，一抬手，飞鸟落下。

李尚说："匈奴人骑射大雕，所以你必须骑射飞鸟，这样才能占得先机，

✕ 西汉名将李广

先发制人。现在你的箭术已经超过我，可以上战场了。"

李广初上战场，即投身于有"战神"之称的太尉周亚夫麾下。公元前154年，李广以骁骑都尉的身份随周亚夫平定吴楚七国之乱，有显赫之功。

有一次，李广出猎，见远处草丛中有个黑影，误以为是老虎，拔箭就射。走近后才发现是块大石头，而自己射出去的箭的箭头已没入大石中。900多年后，唐朝著名诗人卢纶写诗赞曰："林暗草惊风，将军夜引弓。平明寻白羽，

✕ 甘肃天水李广墓

没在石棱中。"

公元前 141 年，汉武帝即位，李广因声名日隆，升迁为未央卫尉，抗击匈奴。李广带兵有方，箭术无人能敌，匈奴恨之入骨。公元前 129 年，匈奴南进，企图以优势兵力活捉时任雁门关太守的李广。

雁门关一战，空前惨烈。李广浴血奋战，人马被打散，自己也受伤被俘。李广急中生智，路上佯死，乘押解的匈奴兵不备，突然奋起，跃上一骑兵马背，将匈奴兵推下马，调转马头驰归。匈奴数百骑追来，被李广射杀多人。

后来，李广驻守右北平，匈奴听说后，称他为"汉朝的飞将军"，躲了他好几年，不敢入侵。

李广 60 多岁时随大将军卫青出征，希望能为先锋，和单于决一死战。但抓获或者杀死单于几乎是所有汉将的人生目标，卫青也不例外。

于是，卫青故意把李广调开，自己去追击单于。没想到，单于太过狡猾，最终逃脱了。卫青没有战果，只好回兵，在之后写给汉武帝的战报中，却把责任推给李广，说是因为李广支援的队伍迷路，没有及时赶到，导致单于逃走。

李广有口难辩，愤怒又难过，不愿回京后被文官们指责，被汉武帝责难，于是拔刀自刎。

李广曾对部下说："我从少年起，与匈奴打仗，大小有70多次，常常以少胜多，险中取胜。"李广骁勇善战，每次打仗都身先士卒，冲锋陷阵，置生死于度外，令匈奴人闻风丧胆。唐代著名边塞诗人王昌龄写道："秦时明月汉时关，万里长征人未还。但使龙城飞将在，不教胡马度阴山。"

尽管李广壮志未酬，但他戎马一生，与匈奴交战无数，可谓不屈不挠，让我们看到了一个爱国将领的赤诚之心。而李广百发百中的高超骑射术，使他成为中国武术史上的"箭神"。

霍去病：匈奴不灭，何以家为

中国历史上，霍去病简直是神一样的存在。有人说他是大漠闪电、匈奴克星，杀入漠北深处两千里，封狼居胥，倒看北斗。可惜，他的生命定格在24岁。

平阳公主（汉武帝刘彻的同胞长姐）府上有个女婢叫卫少儿。霍去病是卫少儿与平阳县小吏霍仲孺的私生子。在阶级森严的汉朝，母亲是奴婢，儿子的命运可想而知，更不用说是私生子了。

霍去病年幼时，他的姨母卫子夫成了汉武帝的后妃，舅舅卫长君、卫青做了朝廷高官，一家人都变成了皇亲国戚。按辈分，霍去病成了汉武帝的姨侄，身份水涨船高。

不光如此，霍去病还是个美男子。虽然史料上没有记载过霍去病的长相，但班固在《汉书》中记载着霍去病的弟弟霍光是当时有名的美男子："（霍）光为人沉静详审，长才七尺三寸，白皙，疏眉目，美须髯。"由此可以想象，霍去病的颜值应该不会太差。

霍去病的功夫了得。司马迁在《史记》中写道："大将军姊子霍去病，年十八……善骑射，再从大将军……"，北宋张预在《十七史百将传》中记载："年十八，善骑射"。

善骑射，这就是当时最棒的功夫。一个十七八岁的英俊儿郎，策马奔驰于浩瀚的大漠，千里擒雕，呼啸骑射，何等的春风快意。

公元前123年的春天，霍去病作为皇帝的贴身警卫，第一次跟随舅舅卫青出征。霍去病率领800名壮士，组成敢死队，去寻找匈奴部队。

霍去病率队向北猛冲，可一路上没见到匈奴兵。另外几支寻找匈奴的队伍，都已返回大本营。年轻气盛的霍去病不甘心空手而归，一直向北追赶了几百里路，终于发现匈奴军营，然后悄悄绕道包抄，杀得匈奴人措手不及，四处溃散。霍去病在这场偷袭中活捉了单于的叔父，还带领着800壮士前后射杀匈奴兵两千多人，被汉武帝封为冠军侯。

因霍去病战功辉煌，汉武帝为他造了一所豪宅，叫他去看看，是否满意。霍去病却对武帝说："匈奴未灭，何以家为！"

公元前121年春，汉武帝派霍去病率1万骑兵，对匈奴进行大规模反击，发动收复河西走廊的河西之战。霍去病率军从陇西（今甘肃临洮）出发，越乌戾山，渡黄河，伐遬濮部落、涉孤奴水，由丝绸中路进入河西。

✕ 霍去病塑像

× 大同镇守口堡长城，山西大同阳高县

　　针对匈奴人打仗的特点，霍去病制定"集中兵力，各个击破；不取财物，不杀降者"的作战方案。

　　霍去病的骑兵从一开始就势如破竹，先后击败多个匈奴部落。最后在皋兰山下与浑邪王鏖战。此次战役共经6日，转战千余里，最终杀折兰王，斩卢侯王，俘虏近9000人。

　　霍去病第二次攻打河西走廊，是在公元前121年夏天。汉武帝命霍去病和合骑侯公孙敖率军数万西征。霍去病、公孙敖各率一路大军，从马岭县（今甘肃庆阳市环县东南马岭镇）出发，向西北行进，渡黄河，进入大漠。没想到公孙敖率领的大军为风沙所迷，困于大漠。

　　联系不上公孙敖，霍去病的大军进退两难。经过周密安排，霍去病还是决定继续行军，渡过钧耆河、居延水，到达小月氏，然后向祁连山进攻，一路打败匈奴各部，并在鱳（lè）得（今甘肃省张掖市）大获全胜。

在皋兰得城，霍去病举行了隆重的阅兵仪式，并犒劳将士，此事后来被司马迁誉为：扬武皋兰得。

浑邪王、休屠王两位匈奴王带着约4万兵力逃亡，但如果回去面对单于，肯定会因战败被追责，甚至被斩首示众。想来想去，两人决定向汉朝廷投降。

霍去病乘胜挥军北进，一路猛追匈奴军队，进入大漠深处，到达狼居胥山（今蒙古国境内的肯特山）。霍去病命人堆土增山，然后在山顶南面设坛祭拜天地，并在山上立碑纪念，以示此地为汉朝疆土。

封狼居胥之后，霍去病继续率军深入追击匈奴，一直打到瀚海（今俄罗斯贝加尔湖）。一看北斗星，却是倒着的形状，霍去病才知道离开大汉朝已经很遥远了，于是收兵回归。从此，匈奴远遁，漠南再无匈奴王庭。

PART 05

魏晋南北朝：与佛道结缘的武术

　　魏晋南北朝（220 ~ 589 年）是中国历史上一个分裂动荡的时期，常年的战争在客观上促进了军事武术的发展，而各民族文化的相互融合和影响，又使武术内容得以丰富。此时，佛教在中国昌兴，名扬天下的千年古刹少林寺诞生于中原大地。佛教与道教开始与武术结缘。全国寺庙林立，僧侣众多，习武之事在僧众中广泛开展，武艺超群的寺僧不乏其人。魏晋时期，槊成为最厉害的武术器械，曹操、曹丕父子都曾"上马横槊"。民间拳搏、角抵、骑射、跤术、剑术等，则成为这一时期的武术主流。

花木兰：替父从军

　　对中国人来说，花木兰女扮男装、替父从军的故事可谓家喻户晓，古诗、戏曲、电影、电视剧、歌剧等不同种类的艺术形式都对其进行了生动的演绎，仅电视剧就有近 10 部之多，关于花木兰的电影更是层出不穷。1998 年，迪士尼公司首次采用中国故事为电影题材，拍摄了动画片《花

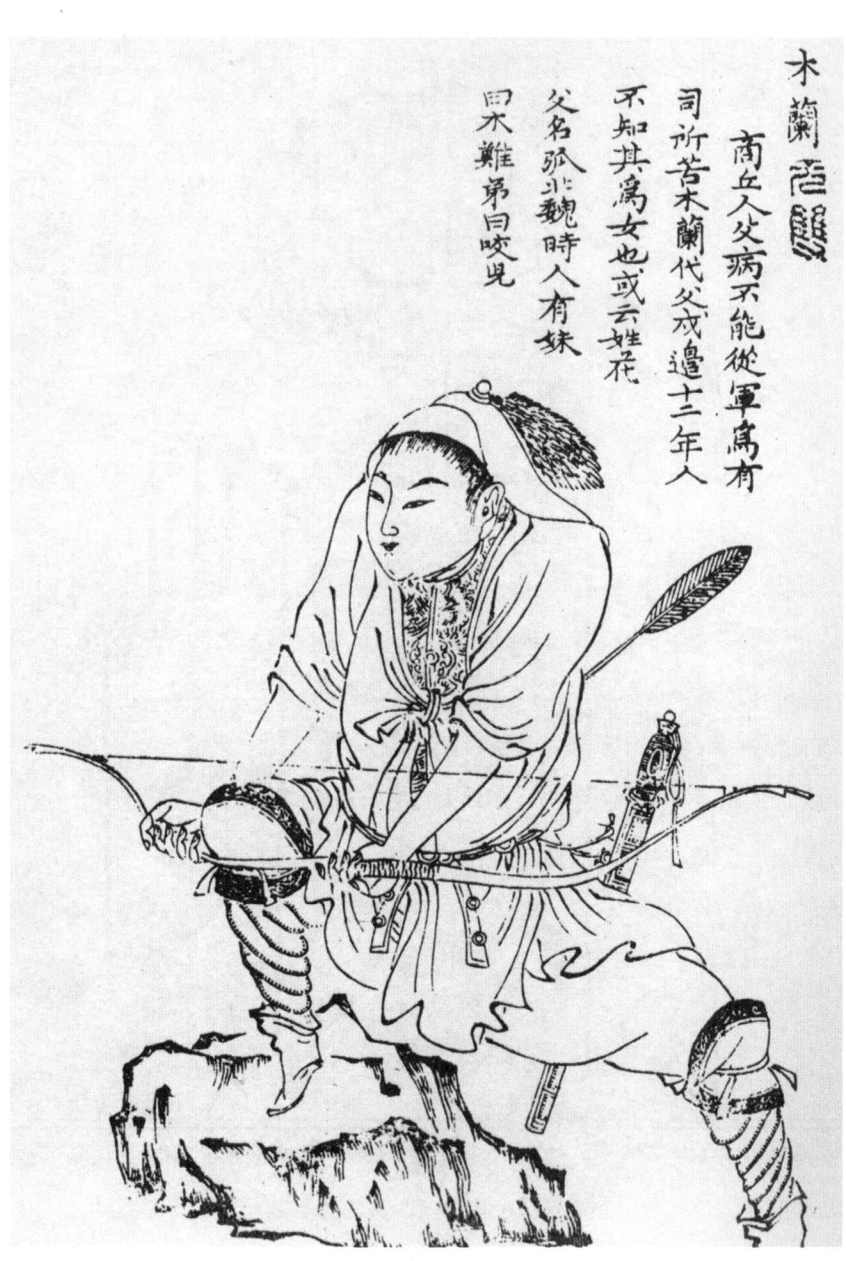

木蘭籌邊

商丘人父病不能從軍為有
司所苦木蘭代父戍邊十二年人
不知其為女也或云姓花
父名弧北魏時人有妹
曰木難弟曰咬兒

✕ 清代金古良《无双谱》描绘的花木兰的形象

木兰》，全球票房 3 亿美元；2009 年，著名影星赵薇、陈坤主演了电影《花木兰》；2020 年，由妮琪·卡罗执导，刘亦菲、甄子丹、巩俐等巨星又重新演绎大片《花木兰》。

花木兰的故事源于北魏（386～534 年）的叙事诗《木兰辞》，记述了花木兰女扮男装，代父从军，征战沙场，塞外立功，载誉而归，建功受封，辞官还家的故事，充满传奇色彩。诗歌以饱满的热情赞扬了花木兰勇敢善良的品质、保家卫国的热情和英勇无畏的精神。

花木兰是中国古代传奇的女杰。长期以来，花木兰故里在哪里，国内各地一直存在诸多争端。主要有河南商丘市虞城县、安徽亳州市、湖北武汉黄陂区、陕西延安市宝塔区、山西大同市等。其中，虞城县、宝塔区、黄陂区的"木兰传说"已入选为"中国非物质文化遗产"。

宋代程朱理学问世之前，中国女性还是很有社会地位的，女性可以参与很多社会活动，在魏晋南北朝时期更是如此。

花木兰的父亲以前是一位军人，从小就把木兰当男孩来培养。木兰十来岁时，父亲就常带她到村外小河边练武，骑马、射箭、舞刀、舞棒。空余时间，木兰还喜欢看父亲的旧兵书。当时的北魏经过孝文帝改革，社会经济得到发展，人民生活较为安定。但是，当时的北方游牧民族柔然族不断南下骚扰，北魏政权规定，每户必须出一名男子上前线。

花木兰的父亲年纪大了，没办法上战场，家里的弟弟年纪又小，于是木兰替父从军，开始了长达十多年的军旅生活。但花木兰会功夫吗？

《木兰辞》中没有正面描写花木兰的武功，但诗中的"东市买骏马，西市买鞍鞯，南市买辔头，北市买长鞭"可以看出，花木兰生活的地方，可以买到马，而且是可以上战场的骏马。还有一点，花木兰家并不贫穷，当时能买得起战马的人家，相当于今日可以买宝马的家庭。"旦辞爷娘去，暮宿黄河边。"可以说明，花木兰从小就会骑马，会骑射，否则无法立即上战场。

明代文学巨匠徐渭（1521～1593年）在剧本《花木兰替父从军》中，描写了花木兰的精湛武功。在决定性的一仗中，花木兰身先士卒，生擒贼首，得了头功。这一情节让花木兰从众多将士中凸显出来，展现其英勇善战、武艺高强的英雄形象。

花木兰选择替父从军，是为尽孝；选择征战沙场，是为尽忠。为了"家国"而赴汤蹈火、舍身杀敌，是中国武人一脉相承的情怀。

祖逖：闻鸡起舞，中流击楫

中国历史上的晋朝（265～420年）乃多事之秋。俗话说，乱世出英雄。越是国家危难时刻，就越会涌现出许多赤诚爱国的仁人志士，名将祖逖就是当时杰出的爱国英雄。说到祖逖，很多人感到陌生，但"闻鸡起舞"这个成语大家都很熟悉，说的就是祖逖晨起练剑的故事。

从公元291年到306年，西晋宗室的八个藩王争权夺利，互相残杀，这就是中国历史上最严重的一次皇族内乱——八王之乱。匈奴族刘聪和羯（jié）族石勒乘西晋内乱之际反晋，向中原进犯，一时间，中原北部陷入空前的混乱之中。

祖逖，字士稚，公元266年出生于一个官宦之家。他的父亲曾任上谷郡（今河北怀来一带）太守，家中略有薄产。父亲去世时，家中有兄弟六人，祖逖尚年少。及长，祖逖开始阅读《史记》《汉书》等作品，尤其推崇李广、卫青、霍去病等一个又一个叱咤风云的名将。这些名将纵横沙场，气吞万里。祖逖不由心潮澎湃，想着有朝一日也要像他们一样，驱除匈奴，保家卫国。

祖逖性格豁达，为人慷慨，轻财重义，常常接济贫困户，百姓都很敬重他。

公元289年，祖逖23岁，与好友刘琨同在司州（今河南洛阳）做主簿。主簿，相当于现在的市政府秘书。两人同在衙门当差，又意气相投，无话不说。为了节省房租，祖逖和刘琨合租了一个屋子。时局的动荡，让祖逖和刘琨夜不能寐，于是约定每天晨起练剑，期待有日驰骋疆场，保家卫国。从此，无论酷暑严冬，每当鸡叫头遍，祖逖与刘琨便起床练剑，这就是被后世传为佳话的故事：闻鸡起舞。

公元311年，匈奴骑兵攻入洛阳。中原百姓为避难，纷纷南迁。

为了让一起逃难的父老乡亲能顺利到达南方，祖逖把自己的马车让给年老体弱者，还把自己的粮食、药物、衣服拿出来和大家分享，得到了大家的拥护，成了这支南迁队伍的主心骨。在他的带领下，南迁队伍终于到达京口（今江苏镇江市），并定居于此。

公元316年，匈奴军队攻陷长安，第二年西晋灭亡。皇室南迁，在建康（今江苏省南京）建立东晋。国家在风雨中飘零，朝中大臣不思北伐收复失地，却在宫中荒淫无度，苟且偷生。祖逖按捺不住自己的激愤，直接上书晋元帝司马睿，要求北伐，收复中原失地。无奈晋元帝（276～323年）只想偏安江左，做个快活皇帝，根本没想过收复中原。

祖逖并不气馁，他赶到建康，面谏晋元帝北伐。为了敷衍祖逖，晋元帝任命祖逖为奋威将军、豫州刺史，拨给他一千人的粮饷，三千匹布，至于人马和武器，一样也没有。一个将军，没有一杆枪，没有一兵一卒，怎么打仗？

可没想到，祖逖竟然不以为然，从逃难队伍中挑了100多号年轻人渡

× 清代马骀《马骀画宝》中的祖逖闻鸡起舞

江北上，驻屯淮阴（今江苏淮安市淮阴区），并以此为根据地，修筑冶铁炉，铸造兵器，同时还招募到了2000名兵士，编成营伍。

祖逖深知，军队的人数虽不多，但只要训练有方，就可以以一当十。他利用自己在搏技、刀术、剑术等方面的特长，训练士兵肉搏、刺杀等技巧。祖逖的北伐部队纪律严明，得到当地百姓的拥护，大家纷纷前来归附。

于是，祖逖的军队在向北挺进的过程中不断壮大。再加上祖逖指挥有方，身先士卒，奋勇杀敌，北进部队接连打了几个大胜仗，消灭了数万敌寇，迅速收复了黄河以南的许多土地。

中原人民饱受战乱之苦，田园荒芜，民不聊生。祖逖平定敌寇之后，鼓励农民种田养蚕。有的农民已无耕畜，祖逖便命士兵帮农民耕作。房屋被烧的，祖逖带领士兵帮百姓伐木盖房，重建家园。

队伍越来越壮大，祖逖正豪情壮志地整顿军马，准备挥戈北上，却引来晋元帝的猜忌。他怕祖逖越强大越难以控制，就任命亲信戴渊为征西将军，夺了祖逖的指挥权。

祖逖为国征战，想不到却受到如此对待，心里十分抑郁。后来又听说好友刘琨被朝廷害死，更加为国家的前途忧虑愤懑。公元321年的一个秋夜，祖逖在喟然长叹中含恨离世。

PART 06
盛唐：一剑曾当百万师

剑，作为百兵之君，在中国人心中一直有着特殊地位。侠义之士背负剑囊，游历四方，彰显的是一种英雄气概。古人说"壮士腰间三尺剑，男儿腹内五车书"，几乎代表了中国人对剑的一种普遍认知。

唐朝（618～907年）之前的剑法力求破敌，简单实用，重在刺击，战阵中最为常用。至唐朝，负剑而行已成为一种时尚，练习剑术的人遍及朝野，文人、武将、妇女、道家，擅长剑术者比比皆是。抛剑、飞剑等已成为剑术发展的新形式。飞剑包括短剑投掷，最终发展成一种暗器。著名的刺客聂隐娘，是唐代裴铏所著《传奇》中的人物。书中描述，聂隐娘曾与一女尼学习剑术，经过三年苦练，可以短剑作为暗器，射杀天上飞过的苍鹰。

除此之外，隋朝至五代（581～960年），中国摔跤术日盛。摔跤，隋称之为"角抵"。起初，隋文帝并不喜欢摔跤术，还解散了摔跤俱乐部。到隋炀帝上位，摔跤术才有了新生。

炀帝十分爱好摔跤。史载："大业六年（610年），角抵大戏于端门街上，天下奇伎异艺毕集，终月而罢。"这奇伎异艺中就有摔跤。

武举考试与边塞诗派的武林高手

隋唐时代（581～907年），特别是唐朝，武术文化得到了很大的发展，这一时期，中外文化交流频繁，唐代的剑术、摔跤、射箭等武术项目，都有外来文化的痕迹。武举制的创立，更是武术史上的重要事件。

中国武举考试始于唐武则天长安二年（702年），是中国武术史上的一个里程碑，也是对中国武术的一次系统性检阅。自此，作为一项个人技能的中国武术开始由国家进行评定。武举考试主要考什么？

唐代武举的考试科目主要有：马射、步射、平射、马枪、负重等。武举由兵部主持，每年孟冬（冬季的第一个月，为农历十月）开始准备，从乡村开始中考，次年季春举行大考。自武则天开科取士，到清末最后一位武状元诞生，中国有历史记载的武状元共293人，其中著名武状元，首推著名军事将领郭子仪。

唐代尚武任侠之风盛行。唐太宗李世民（598？～649年）本身就是一员精通韬略的猛将，据说他曾在战场上手刃千人以上。其兄弟建成、元吉等皆武艺超群，勇猛善战。

史载，李世民手下有集猛将剑士千人的"特种部队"，他们搏斗、剑术功夫超群，在"玄武门之变"的关键时刻曾立下汗马功劳，将李世民推上皇位。

与此同时，任侠的风尚及人们对侠客的崇敬与喜爱，大大推进了唐代武术的繁荣发展。

除了弓箭、宝剑之外，唐代善用枪的将领也极多。唐初大将尉迟敬德（585～658年），便精于枪术。唐太宗出征窦建德（隋末河北农民起义军领袖）时，曾对尉迟敬德说："寡人持弓箭，公把长枪相副，虽百万众，

历史上是否真的出现过武林盟主？

在中国武侠小说中，武林盟主之位非一门一派的掌门人，而是在各门派的掌门人中，共同选出一人，谓之武林盟主。盟主具有调集、指挥各武林门派的权力："令旗所指，凡我武林同道，都得受其调遣，遵其令喻。"但这只是小说家的一种想象。

历史上虽然没有出现过武林盟主，但在民国时期，却举办过数次武林大会。

1929年初，民国中央国术馆发起全国武术各门派的擂台较量，各国术馆纷纷响应，这就是中国历史上首次民间武林大会。这次武林大会由杭州国术馆承办，来自全国的300余名选手参加，吸引了六、七万人前来观战。武林大会比武十分激烈。江西一位隐逸山林的僧人临时起意上台比武，结果被对手一记崩拳，打塌额骨后昏厥，当场被急救车拉走。这次武林大会还诞生了一位功夫高手，他叫窦来庚。后来，窦来庚奔赴沙场，投身抗日。1942年，窦来庚在山东临朐县与日寇血战，弹尽粮绝，自杀殉国。

亦无奈我何。"尉迟敬德不仅善使枪，还善于避枪、夺枪。另外，唐初名将秦叔宝（？～638年）、玄宗时名将哥舒翰（699～757年），都是使枪高手。

盛唐时期的边塞诗派，善于描写边塞风光和战争生活，大多具有强烈的爱国情感和进取精神，风格多慷慨悲壮，歌颂边塞将士不畏艰险、奋勇杀敌的英雄气概。边塞诗人中的杰出代表有高适、岑参、李颀、王昌龄、王之涣、王翰等。他们当中很多人都有深厚的武术功底，他们在边关浴血杀敌的同时，写下了一首首慷慨悲壮之歌，抒发了为国守边、报国立功的理想抱负和执着追求，中国武术与爱国情怀也因此得到了完美体现。

薛仁贵：将军三箭定天山

薛仁贵，名礼，字仁贵，614年生于河东道绛州龙门（今山西运城河

✕ 《薛仁贵征东》（清代年画）

津市修村）。他的祖上出过一位赫赫有名的悍将——南北朝刘宋时的薛安都。薛安都身长七尺八寸，年少时以骁勇闻名，熟练武艺，精于骑射，喜欢行侠仗义。后拓跋氏向南扩张，薛安都率族人与本地势力起兵抵抗，不幸失败，遂过黄河南岸，投奔于刘宋。薛安都一生中战事无数，最有名的一次是与号称万人敌的鲁爽（晋宋间人，追随宋武帝刘裕，宋初重要将领，后拥戴南郡王刘义宣谋反）较量。薛安都单骑直入，将鲁爽刺于马下。时人认为薛安都可与三国时代的关羽媲美。

薛家到了薛仁贵这一代已经没落。欧阳修撰《新唐书》时写薛仁贵："少贫贱，以田为业。"每每农闲时刻，薛仁贵就会来到附近的白虎冈练习箭术。他天生臂力过人，弯弓射雁不在话下。《山西通志》记载："红蓼滩，在白虎冈下百底村，一名射雁滩，薛仁贵射雁于此。"大凡英雄，发迹之前总要饿其肌肤，劳其筋骨，饱经磨难。因家徒四壁、食不果腹，薛仁贵只得去柳员外家做工。没想到，柳家小姐看上了孔武有力的薛仁贵，雪夜赠衣，

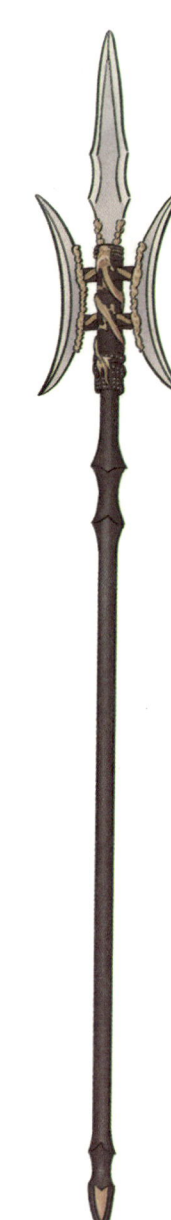

※ 方天画戟

互通情愫。只是这段阶级差距太大的爱情遭到了柳家人的强烈反对。于是二人私奔，因银钱短缺，只能住进寒窑，靠薛仁贵打雁为生。柳小姐觉得长此以往不是个办法，劝薛仁贵道："今天子自征辽东，求猛将，此难得之时，君何不去图个功名？"

于是，薛仁贵离开寒窑，开始他驰骋沙场40年的传奇经历。《旧唐书》中记载："贞观末，太宗亲征辽东，仁贵谒将军张士贵应募，请从行。"

薛仁贵的兵器是方天画戟，据说是在投军路上，因救一位老妪追杀巨蟒而得。方天画戟是中国古代武术史上的重要器械，三国时，吕布的武器就是方天画戟。凭借方天画戟和赤兔马，吕布在三国英雄中独占鳌头。

方天画戟由矛和戈结合而成，在柄杆上常有绘画和纹饰，故得此名。画戟一头是枪尖，可当枪来使，其长度便于先发制人；另一边有月牙状的戟耳，可作战斧；戟耳弯着的部分可当作钩镰枪，将敌人勾到自己面前就擒。总之，方天画戟结合多种兵器，攻守兼备，能刺能砍能勾，威力巨大，往往数米开外就让人望而生畏。

在众多武术器械中，方天画戟属于重兵

器，对使用者有很高的要求。使用方天画戟的人，必然拥有强悍的体力，一旦熟练掌握，有以一当十之功效。拥有方天画戟的薛仁贵如有神助，初到军中便崭露头角。

公元 644 年，李世民亲征高句丽。薛仁贵身着白衣，手持画戟，大呼冲阵，所向无敌。高句丽军大败，两万余人被斩首。

李世民非常赏识这位白袍小将，亲自召见他，赠给他马匹、绢等物，还赏了他个游击将军的官职。从此，薛仁贵以自己的勇猛和智慧，成为唐朝的一员猛将，先后参加过许多战役，如二次东征、讨平奚、契丹等等，战功卓著。

征讨契丹后，游牧于漠北、曾长期臣服于唐朝的九姓铁勒（唐初分布于漠北九个铁勒部落之称呼，又称铁勒九姓）发动叛乱，骚扰唐朝边境。公元 662 年，唐高宗李治希望薛仁贵领兵去平定。战前，唐高宗对薛仁贵说："我听说古人善射者，可以射透七层铠甲，你射五层铠甲给我看看。"薛仁贵一射之下，铠甲 5 重皆穿，高宗大惊，以为神力，拿出更坚硬的盔甲赐给他。

九姓铁勒得知唐军将至，便聚兵 10 余万人，凭借天山（今蒙古杭爱山）的有利地形，阻击唐军。

唐军与铁勒交战于天山，铁勒派几十员大将前来挑战，薛仁贵连发三箭，三员敌将坠马而亡。敌军大乱，薛仁贵指挥大军趁势追杀，敌人投降。从此，九姓铁勒衰落。当时民间流传歌谣"将军三箭定天山，壮士长歌入汉关"。

薛仁贵一生追随唐太宗李世民、唐高宗李治，在军事上功勋赫赫，他的一把神弓、一杆方天画戟，为后世留下许多的精彩故事，至今为人们津津乐道。

免胄見酋

× 清代马骀《历代名臣画谱》中的郭子仪单骑退回纥

郭子仪：力扶天柱，盖世忠良

《旧唐书》卷一百二十《郭子仪传》中，唐代名相、著名史臣裴垍评价郭子仪："权倾天下而朝不忌，功盖一代而主不疑，侈穷人欲而君子不之罪。"

郭子仪（697～781年）祖居山西太原，生于唐朝华州郑县（今陕西省渭南市华州区）。史书上这样描绘他："子仪长六尺余，体貌秀杰。"也就是说，郭子仪的身高在1.8米以上，魁梧强壮，且相貌英俊。

郭子仪从小喜欢舞棍弄棒，练得一身过硬的拳脚功夫，是唐朝功高望众的著名军事将领，曾在玄宗、肃宗、代宗、德宗四朝为官，可谓唐朝的"四朝元老"。除了杰出的军事指挥才能，郭子仪还是位功夫高手，年轻时曾考中唐朝的武状元。

郭子仪从小就喜欢读兵书、练武功。他一生中使用过的武器比较多，早年练习的是射箭，后来使枪，一杆长枪握在手，使得出神入化。史书上记载，郭子仪最常使用的武器是一把稀世宝剑，名曰"玉柄龙"。但在民间传说中，郭子仪使用的是一把画戟。

郭子仪早年在陇西节度使哥舒翰（699～757年）帐下当一员偏将，负责看管位于河东府并州（今山西太原、大同和河北保定一带）的军粮库。有一天，郭子仪外出，手下人因为失误，将一处军粮库烧了。军粮库被烧可是掉头的大罪，作为粮库主管，郭子仪死罪难逃。哥舒翰只得下令将郭子仪斩首示众。

不过，郭子仪是幸运的。囚车走过街市的时候，正好被时任翰林学士的李白遇见。李白见郭子仪气宇轩昂，毫无惧色，又了解到事情缘由，觉得郭子仪罪不至死，就为他求情。李白和哥舒翰是好友，两人皆非常欣赏郭子仪，便联名上书唐玄宗，陈清事实，并极力夸赞郭子仪有良谋韬略，将来可为国家之栋梁。后来，玄宗赦免了郭子仪，允许其戴罪立功。

数十年后，发生永王李璘"谋反案"，李白因是其幕僚，被捕入狱，按律从逆当斩。当时身居高位的郭子仪得知情况后，为李白求情，甚至表示愿意用自己的官职爵位来换，以报当年救命之恩。最后，皇帝赦免了李白。

因军粮库事件，郭子仪离开并州，去参加武举考试。最后，他以"异等"（相当于特等生）的成绩得到了一个官职。但是在此后相当长的一段时间里，郭子仪并没有得到重用。尽管如此，郭子仪从未气馁，他相信总有一天，自己的才能会有用武之地。

唐天宝十三年（754年），郭子仪因母去世，在家守孝。第二年，颇受唐玄宗宠信的范阳（又称幽州，今北京一带）节度使安禄山，率领十五万人在范阳发动叛乱，史称"安史之乱"。

叛军大举南攻，势如破竹，很快攻陷黄河以北24州，而后顺利渡过黄河，并攻下当时全国最大的城市东都洛阳，此时离起兵才35天。安禄山在洛阳称帝，国号大燕，然后继续派兵征讨，向西攻打首都长安（今西安）。

大唐形势十分严峻，朝廷决定启用郭子仪。郭子仪横空出世，平定多地，收复旧都，堪称平乱首功，辉煌人生从此开始。

这时，郭子仪已58岁，在平定安史之乱的数次战争中，指挥了攻克河北诸郡之战、收复两京之战、邺城之战等重大战役。安史之乱后，他计退吐蕃，二复长安；说服回纥，再败吐蕃；威服叛将，平定河东。

郭子仪一生中屡建奇功，为大唐王朝立下汗马功劳。大唐因有他，获得长达20多年的安宁，史称"权倾天下而朝不忌，功盖一代而主不疑。"

× 李白，字太白，号青莲居士。图片选自清代金古良《无双谱》

李白：盛唐的剑气豪情

唐朝不只有唐诗，与唐诗媲美的，还有风靡整个朝代的剑术。

剑，代表着一种豪情壮志与侠义精神，也代表着勇武，中国武术至唐宋时已趋完善。盛唐之际，侠客、文人、武将、妇女、道家等擅长剑术者比比皆是，剑术名家更是灿若繁星。在这个时期，不只是剑术，整个武术思想也有了更高的发展，那就是从最初的侠义精神，逐渐发展到建功立业、报效国家的思想高度。

女子剑术家公孙氏，不但貌美如花，剑术更是令人眼花缭乱，在街上舞剑表演时，观者如潮。据载，草圣张旭因看公孙氏剑舞，茅塞顿开，练成绝世书法。诗圣杜甫因看公孙氏剑舞，作诗《剑器行》："昔有佳人公孙氏，一舞剑器动四方。"

将军裴旻，唐开元间人，其剑舞与李白的诗、张旭的草书被人称为"盛唐三绝"。裴旻的剑术出神入化，人称剑圣，能给予人一种振作精神的强大感染力。著名画家吴道子在天宫寺作画时，因久未触笔，一时找不到灵感，便特地请来裴旻为他舞剑鼓气。裴旻痛快地展示了一回裴氏剑法，但见寒光四射，树叶为之颤动，草木为之起伏。吴道子顿时精神振作，作画"奋笔立成，若有神助"。

裴旻将军有无数弟子，其中有位高徒名冠华夏，他就是大诗人李白（701～762年）。

李白在中国可谓妇孺皆知，他是我国文学史上继屈原之后又一伟大的浪漫主义诗人，有"诗仙"之称。但是很少有人知道，李白还是一位剑术高手，他"十五好剑术"，"剑术自通达"，造诣非同一般。后又受剑术大师裴旻指点，舞得一手好剑。李白一生踏遍山河，云游天涯。很多地方偏远冷落，虎狼与盗匪横行，李白所依者乃随身携带的一把宝剑，如此"仗剑走天涯"。

关于李白的剑术，《新唐书》中这样记载："（李白）喜纵横术，击剑，为任侠，轻财重施。"字虽不多，但李白的性格与形象跃然纸上。李白在25岁那年离开四川，开始"仗剑去国，辞亲远游。"

唐肃宗上元年间（760～761年）有位进士，名叫魏颢，是李白的超级粉丝。为见李白一面，魏颢千里追寻，到处打听李白踪迹。李白去世后，他编辑了李白的诗歌集《李翰林集序》，并为之写序，其中写了李白年轻时曾："少任侠，手刃数人。"

李白在诗中回忆自己年轻时豪侠任气，也曾这样说："托身白刃里，杀人红尘中。"（《赠从兄襄阳少府皓》）

盛唐时代，侠客之风盛行，他们骑宝马，佩宝剑，行侠仗义，除暴安良，这些侠客的义举无不令人艳羡。李白对侠客十分迷恋，他在诗歌中曾屡次描述过侠客种种壮举。如《白马篇》："酒后竞风彩，三杯弄宝刀。杀人如剪草，剧孟同游遨。"《结客少年行》："托交从剧孟，买醉入新丰。笑尽一杯酒，杀人都市中。"等等。

打开李白诗集，我们会发现，李白对"剑"的描写情有独钟。有人统计过，《全唐诗》收录的李白诗词中，真实描写"剑"和"剑名"者，高达 118 次之多。

年轻气盛，行侠仗义，手刃数人，说明李白的剑术功夫已经进入实战阶段。但是，当他遇见了裴旻将军之后，不但在剑术上得到真传，更重要的是，受到了裴旻征战边关、报效国家的精神熏陶。裴旻将军曾先后参与对奚人、契丹和吐蕃的战事，至"左金吾卫大将军"（掌管皇帝禁卫、扈从等事）。

李白满腔热忱，想要像师父裴旻将军一样建功立业，驰骋沙场。李白没有参加科举考试，只得求一些地方长官为自己写推荐信。李白在襄阳（今属湖北）时，给时任荆州长史兼襄州刺史的韩朝宗写了一封自荐信，表明他想要报效国家的远大志向，自称"愿为辅弼，使寰区大定，海县清一。"并自我介绍："白陇西布衣，流落楚汉。十五好剑术，遍干诸侯；三十成文章，历抵卿相。虽长不满七尺，而心雄万夫。"

因各种原因，李白一生都未能征战沙场，却写下了大量的爱国诗篇，从这些优美瑰丽的诗句中，不难看出李白报效国家、建功立业的强烈愿望。例如《塞下曲六首》：

其一

五月天山雪，无花只有寒。笛中闻折柳，春色未曾看。

晓战随金鼓，宵眠抱玉鞍。愿将腰下剑，直为斩楼兰。

其二

天兵下北荒，胡马欲南饮。横戈从百战，直为衔恩甚。

握雪海上餐，拂沙陇头寝。何当破月氏，然后方高枕。

其三

骏马似风飙，鸣鞭出渭桥。弯弓辞汉月，插羽破天骄。

阵解星芒尽，营空海雾消。功成画麟阁，独有霍嫖姚。

其四

白马黄金塞，云砂绕梦思。

那堪愁苦节，远忆边城儿。

萤飞秋窗满，月度霜闺迟。

摧残梧桐叶，萧飒沙棠枝。

无时独不见，流泪空自知。

其五

塞虏乘秋下，天兵出汉家。将军分虎竹，战士卧龙沙。

边月随弓影，胡霜拂剑花。玉关殊未入，少妇莫长嗟。

其六

烽火动沙漠，连照甘泉云。汉皇按剑起，还召李将军。

兵气天上合，鼓声陇底闻。横行负勇气，一战净妖氛。

　　这组诗，作于唐玄宗天宝二年（743年）。此时的李白初入长安，供奉翰林，胸中正怀着建功立业的政治抱负。作品以高亢乐观的基调、雄浑壮美的意境，反映了盛唐边塞战士舍生忘死、保家卫国的精神风貌。

　　李白的许多作品都表达了对祖国壮丽河山的热爱与赞颂，但其中有好几篇，如《塞下曲六首》等诗篇，风格坚决、强势、凌厉，后人称此诗为"神韵超远、气概闳逸、壮丽雄激，盛唐绝作"，表达了李白关怀国家命运、希望为国效力的强烈愿望。

PART 07
宋朝：十八般武艺的造极时代

在宋朝（960～1279年）300余年的历史中，一直面临着北方少数民族政权的威胁，与辽、金、西夏长期对峙，使得民族、阶级矛盾十分尖锐，加之战乱频仍，形成了民间尚武的社会风气，这也极大地促进了武术的发展，涌现出刀术、棍术、枪术等武术世家。宋朝的开国皇帝宋太祖赵匡胤就有一身好武艺，凭借一根齐眉铁棍，打下大宋江山。

据《梦粱录》卷二载，每年春秋二季，"禁中教场，呈试武艺，飞枪斫柳，走马舞刀，百艺俱全，使臣奏乐，声彻九霄。"宋朝的军队通过武举考试选拔武艺人才，军事训练采用"教头"统一教法，以促进军士武艺的提高。这一时期，兵器的种类大增，形制复杂，各种武术器械争奇斗妍，把中国武术推向高潮。

"十八般武艺"与教头

著名史学家陈寅恪说："华夏民族之文化，历数千载之演进，造极于

✕ 十八般武器

赵宋之世。"

宋朝，是中国历史上经济与文化高度繁荣的时代之一。纵观宋朝历史，儒家复兴，社会尊师重道之风盛行，科技发展突飞猛进，政治开明廉洁，兵变、民乱次数与规模在中国历史上相对较少。与此同时，宋朝也是中国武术史发展至关重要的时期，"十八般武艺"在此间诞生。在保家卫国的征战中，两军交战，首先是派出武将"斗上三百回合"，武术成了重要的战争利器。

尽管在唐代时，各种武术器械已经产生，但是对"十八般武艺"的具体描述形成于宋朝。通常来说，"十八"有两层意思，一是约数，泛指功夫精湛，可以使多种武术器械。一是准数，即指十八种武术器械。

武术器械在实践中有很多是作为兵器来使用的，所以也称十八般兵器、十八般武器。十八般武艺的内容和形式十分丰富，在很大程度上反映了大

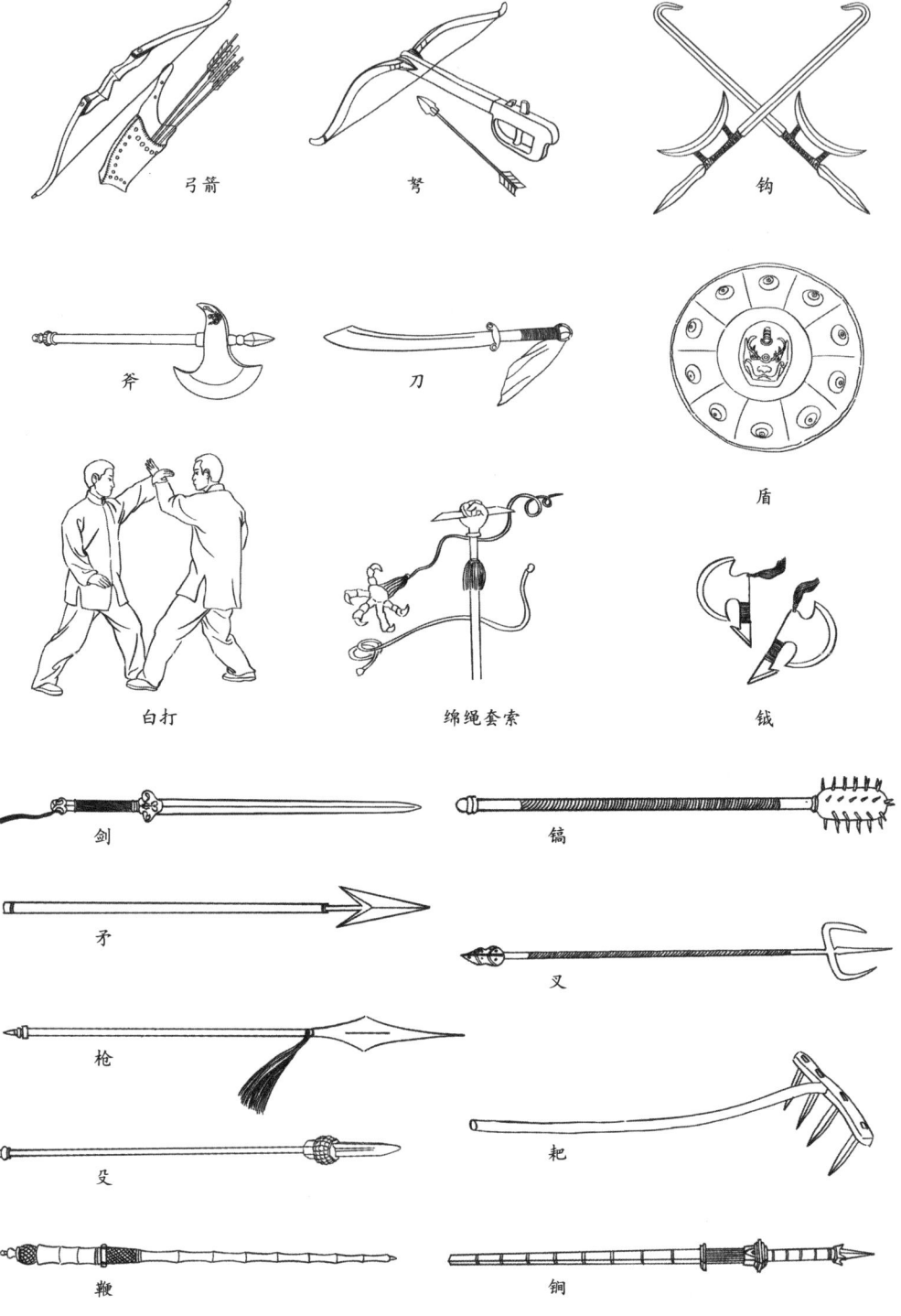

弓箭　　　　　弩　　　　　钩

斧　　　　　刀　　　　　盾

白打　　　　　绵绳套索　　　　　钺

剑　　　　　镐

矛　　　　　叉

枪　　　　　耙

殳　　　　　鞭　　　　　铜

宋时代武术发展的面貌。

"十八般武艺"最早见于宋人话本小说《史弘肇龙虎君臣会》，但未记载具体内容。南宋华岳撰《翠微北征录》中也有记载："武艺一十有八，而弓为第一。"也没有给出"十八般武艺"的具体内容。

后来，明代小说家施耐庵（1296～1370年）在《水浒传》第二回中写道："史进每日求王教头点拨十八般武艺，一一从头指教。哪十八般武艺？矛锤弓弩铳，鞭锏剑链挝，斧钺并戈戟，牌棒与枪杈。"

到了明万历年间（1573～1620年），"十八般武艺"的具体内容有了变化，一些器械淘汰，另有一些器械开始亮相，具体如下："一弓、二弩、三枪、四刀、五剑、六矛、七盾、八斧、九钺、十戟、十一鞭、十二锏、十三镐、十四殳、十五叉、十六钯头、十七绵绳套索、十八白打。"

白打，即徒手搏击，拳术在武术实践中越来越受到人们重视。明朝抗倭名将戚继光（1528～1588年）在《纪效新书·拳经捷要篇》中说："拳法似无预于大战之际，然活动手足，惯勤肢体，此为初学入艺之门也。"就是说，徒手搏击是武术的基本功。

宋朝是个武术名家辈出的时代，在抗敌御侮的民族大义激励下，涌现出杨业、狄青、岳飞、辛弃疾、文天祥等一大批著名的爱国英雄。这些英雄人物有个共同特点：个个都是功夫行家、武术高手。他们为民族舍生取义的英雄气概，激起了民众保护大宋山河的强烈愿望。

宋代统治者重视军队的各种训练。王安石变法中的一项重要举措——将兵法，更是把"教头"作为一种制度确定下来，即由朝廷派功夫高深、武艺高强者到各路军中担当教官。

有了教官，就要有教场。宋神宗（1048～1085年）时期规定，每两县设一教场，集中培训。古代著名教官，《水浒传》中写了不少，其中最

暴雨梨花针是真实存在的暗器吗?

暴雨梨花针是中国武侠小说中经常被提及的一件暗器,源自武侠小说《楚留香传奇》。按照小说作者古龙的描写,此物发射之时,共27枚银针激射而出,势急力猛,可称天下第一。每一射出,必定见血,纵横江湖的许多高人都死于此暗器之手。其实,小说中关于暴雨梨花针的描写已经超出武侠的范围,它的出现是古龙为了表明再厉害的武功,其实也有限,真正无敌的是人类智慧和科技。

著名的八十万禁军教头首推豹子头林冲。林冲的故事可谓家喻户晓。林冲的岳父张教头,以及王进、王进的父亲王升,也当过八十万禁军教头。金枪将徐宁的武器很特别,叫钩镰枪,可以克制呼延灼的连环马。徐宁为八十万禁军枪班教头,教授枪法。周昂是八十万禁军副教头,武艺了得,是朝廷的右义卫军指挥使,是有实权的将领。周昂的武艺有多强?《水浒传》中这样描写他跟卢俊义的交战:

"卢俊义大喝:'无名小将,死在目前,尚且不知!'便挺枪跃马,直奔周昂。周昂也抡动大斧,纵马来敌,斗不到二十余合,未见胜败。"

不愧是八十万禁军的副教头,二十回合打平卢俊义。

还有一个王文斌,也是朝廷御前八十万禁军枪棒教头,此人名头挺大,看似文武双全,满朝钦敬,实则名不副实,二十回合就被辽将曲利出清斩成两段,死于非命。

八十万禁军教头的名号听起来很吓人,其实只是一个专门负责训练士兵武艺的职位,只有训练的责任,而无统领军队的权力。

宋朝文化高度繁荣的同时,武术的发展也达到高峰。一部《水浒传》,可谓是一部中国武术的全景图，是一次大宋武术的擂台赛。整个宋朝，武林高手林立，这与他们的开国太祖赵匡胤有关。赵匡胤是功夫行家，一身是胆，天不怕地不怕，善使一条浑铁齐眉短棒，人称赵大郎。著名话本小说《赵太祖千里送京娘》中，这样描写赵匡胤：

"生得面如喂血，目若曙星，力敌万人，气吞四海。专好结交天下豪杰，任侠任气，路见不平，拔刀相助，是个管闲事的祖宗，撞没头祸的太岁。先在汴京城打了御勾栏，闹了御花园，触犯了汉末帝，逃难天涯。到关西护桥杀了董达，得了名马赤麒麟。黄州除了宋虎，朔州三棒打死了李子英。灭了潞州王李仅超一家。"

赵太祖千里送京娘的故事在民间流传很广。美貌的赵京娘随父去北岳还乡愿，不料路遇响马，被扣押于赵匡胤叔父赵景清所在的道观。赵匡胤闲逛时听得哭声，救下京娘。怕她还会遭难，便一路护送她回家。为行路方便，二人结成兄妹。一路上，京娘敬佩赵匡胤为人仗义，对他表示爱慕之情。赵匡胤却不为所动，坚守兄妹之礼。到家之后，京娘之父欲将京娘许配给赵匡胤，赵匡胤断然拒绝。京娘伤心过度，自缢身亡。赵匡胤即位后，得知此事，甚是嗟叹，专门为京娘敕封立祠。

赵匡胤依靠超群的武艺和出众的胆略，以及大智大勇的非凡气度，建立了大宋王朝。

杨家将：一门忠烈

著名评书艺术家刘兰芳有部《杨家将》，当年播出时可谓万人空巷，坊间蒙童、垂垂老妪对杨家将和老令公杨继业都非常熟悉。《杨家将》主要讲述杨继业子孙五代对辽和西夏英勇作战的故事，其中大部分人和事都属虚构。但正是这些介于历史、虚构之间的人和故事，大大增添了作品的层次感和传奇性，使得数百年来杨家将的故事一直在民间广泛流传，并深深地扎根在老百姓心里，成为征战边关、保家卫国的典范。

评书中的杨继业，又称老令公杨无敌，这一艺术形象的原型来自北宋太宗太平兴国年间的杨业。

杨业，并州（今太原）人，年轻时倜傥任侠，善骑射，每次打猎所得的猎物总要比同行的人多。成年后，杨业在北汉皇帝刘崇（895～954年）手下任职，担任保卫指挥使，以勇猛矫健而闻名，多次荣立战功，北汉人称他为杨无敌。

宋太平兴国四年（979年），太宗赵光义亲征太原。不久，宋军击退辽国援军，重重包围太原城。内无粮草，外无救援，太原形势危急，杨业劝北汉国君投降，以全城百姓生命为重。刘继元投降后，被任命为右卫上将军。太宗赵光义召见杨业，十分欣赏，任命其为右领军卫大将军。

时值契丹军队入侵雁门关，杨业率领八千骑兵从西陉营出发，走小路至雁门关北口，采取南北夹击战术，打败了契丹十万大军，取得雁门关大捷，升为云州观察使。此后，契丹军队只要远远看见杨业的军旗，无不闻风丧胆。

太宗赵光义一直有收复燕云十六州的雄心壮志，曾主导过两次北伐契丹的战争。公元979年，第一次北伐，宋太宗兵败高粱河，损失将士数万。太宗被箭射中，坐辆牛车，仓皇逃回。危难之际，是负责押运粮草的杨业在乱军中解救了宋太宗。

第二次战争，为公元986年的雍熙北伐。宋太宗派出东、中、西路三

✕ 京剧《杨门女将》

路大军，总计二十万向燕云十六州进发。西路军的将领是潘美（即民间传说中的潘仁美），杨业为副将，王侁为监军。

杨继业因"无敌"战功，颇受赵光义器重，遭同僚嫉妒。军队的监军大多是代表皇帝监视大军作战，虽官职不高，权利却很大，即使主将也不敢对他怎样。也就是说，虽然军队指挥部为三人小组，但真正拍板决策的却是监军王侁。

辽军一路攻破寰州，山西震动。宋太宗命令西路军撤军，尽力掩护百姓撤离。西路军主帅潘美命令杨业北上接应撤退的军民，并阻击辽军的进攻。杨业接到命令后颇为踌躇，他常年与辽军作战，对辽军甚为了解，知道在兵力悬殊的情况下与辽军正面作战，对宋军极为不利。杨业向潘美建议，避敌锋芒，出兵应州以吸引辽军主力，并趁机将撤退的军民保护起来。

避其锋芒，进行诱敌侧击，这是一个不错的建议。但此举遭到王监军的反对，还质疑杨业居心叵测，对大宋有二心。杨业本就是北汉降将，入宋后虽然尽心尽力守卫边关，却一直被同僚猜忌。最后，杨业只得听从潘美和王侁的命令。

这是一次必败的军事行动。尽管如此，杨业还是希望潘美在陈家谷埋伏好弓箭阵，万一敌众我寡，可引诱辽军进入陈家谷，到时以弓弩杀伤辽军，或许能在败中求得一胜。

潘美也是久经沙场的老将，他知道杨业此去必败无疑。若没有部队在陈家谷接应，杨业命不保矣。杨业出兵之后，潘美与王侁两人率部埋伏在陈家谷，只等宋军撤退时，伏击后面追击的辽军。

次日清晨，杨业率部与辽军遭遇，爆发激战。辽军佯装不敌，后撤。杨业追击，进入了辽军埋伏圈。伏兵四起，杨业陷入困境，立即命令宋军且战且退，形势危急。

潘美和王侁这边，早早等候在陈家谷，从当天凌晨三点，一直等到第二天中午十一点，既不见宋军撤退，也不见辽军踪影。王侁以为辽军已经撤军，为与杨业争功，便带领本部军马撤退。潘美劝他再等等，王侁不听，强行撤军，潘美也只得跟随。

杨业在傍晚时分终于将辽军引到陈家谷，才发现原计划埋伏在陈家谷的宋军早就撤走了。面对空无一人的陈家谷埋伏阵地，杨业仰天长叹。

绝望中，杨业仍率麾下百余人再次杀入战场，手刃数敌，后中箭被俘，绝食三日而亡。与杨业一同战死的，还有他的儿子杨延玉。最终杨业所率宋军全部阵亡。

杨业去世之后，他的长子杨延昭世袭爵位，继续和辽军作战，也立下赫赫战功。公元 1005 年秋，在经历了 25 年战争后，辽宋之间签订了《澶渊之盟》，北宋答应每年向辽国进贡银钱和绢帛，换来两国之间长达百年的和平。

杨延昭去世之后，儿子杨文广率领杨家将同西夏作战。

杨文广是历史上真实记载的人物，也是杰出的武术高手，他随同狄青南征广西侬智高，为大宋建立了赫赫战功。后来，杨文广留在广西，历任广西钤辖（相当于省军区司令员），宜州（今广西宜山）、邕州（今南宁）知州。

自杨文广之后，杨家将就再也没有踪迹。但是，杨门数代舍生忘死，征战沙场的爱国传奇，却在民间永久传颂。

章衡：出使辽国，神箭扬国威

章衡（1025～1099年），字子平，福建浦城人。章衡之父章沂是北宋庆历六年（1046年）进士，累官至左光禄大夫。章衡少年时求学于浦城县学，为著名学者陈襄的弟子。

在求学期间，章衡除为科举考试认真学习，积极备考外，也很注重对身体的锻炼。当绝大多数考生心无旁骛，一门心思扑在文化学习上时，章衡却采取了"文体结合"的学习方法，学习之余还会进行体能训练。

章衡喜欢射箭，认为射箭能使自己思维清晰，注意力集中，对日常学习大有裨益。这种劳逸结合的学习方法使章衡获益匪浅，成为中国历史上著名的学霸。这个学霸到底厉害到什么程度？

宋仁宗（1010～1063年）被认为是古代仁君，他主政时，北宋达到空前繁荣，尤其在文化上达到鼎盛时期，其标志之一就是嘉祐二年（1057年）的进士龙虎榜。那次科举考试主考官乃是大名鼎鼎的文坛领袖欧阳修。

这年"高考"堪称中国千年科举史上最辉煌的一榜：苏轼、苏辙、曾巩、曾布、程颢、张载、吕惠卿、章惇、王韶、林希等，其中前三位为唐宋八大家，而曾布是曾巩的弟弟，后来的朝中重臣，官居宰相；程颢是著名的理学家，"二程"中的哥哥；张载是宋朝著名学者、思想家，是"二程"的表叔和导师，他的那句儒家名言千古传颂："为天地立心，为生民立命，为往圣继绝学，为万世开太平！"吕惠卿、章惇则同曾布一样，后来官至宰相，成为王安石变法的三大支柱；王韶是文武全才，后为北宋名将，也是国之栋梁；林希也是才华卓著，后为朝中重臣。

这么多中国文化史上的名家济济一堂，何等壮观。那么，上面这几个大儒中谁是状元？遗憾的是，上面这些如雷贯耳的大家都不是。那位技压群雄的状元，又是何方神圣？这要从名单上最后一位林希说起。

宋代科举，分三级考试制度：由各州举行的取解试（宋代"高考"的第一场选拔淘汰考试）、礼部举行的省试、皇帝主持的殿试。福建人林希当年在开封府的发解试中取得第一名，后来在省试中又考取进士科第四甲，可惜最后在殿试时出了意外。

这期科举的作文题为《民监赋》。仁宗一看林希的试卷，卷面字迹端正漂亮，首先印象分有了。但是，仁宗看到开篇两句"天监不远，民心可知"。仁宗十分不悦：我是什么人，还用你来警告？就这样，林希与状元擦肩而过。

仁宗继续翻卷，突然看到一份试卷开卷第一句"运启元圣，天临兆民，监行事以为戒，纳斯民于至纯。"仁宗笑逐颜开。"运启元圣"是颂扬太祖，"天临兆民"是褒扬太宗，"监行事以为戒"是夸先帝啊，"纳斯民于至纯"夸的正是宋仁宗。这么漂亮的卷子真让人如坐春风。一看作者叫章衡，仁宗拿起朱笔一圈，状元就是他了。

仁宗的眼光很准。章衡状元及第之后任潮州通判，后被授润州长史、左光禄大夫等职。更重要的是，章衡和那些文臣相比，还有一手绝活——射箭，后来更是用一手箭术为大宋扬了国威。

宋朝北方是辽国，契丹人马背上夺天下，创立了少数民族政权——辽。宋神宗熙宁五年（1072 年），章衡奉圣命出使辽国。宋、辽曾签订《澶渊之盟》，约为兄弟之国，礼尚往来，通使殷勤。但辽兵时常扰边，神宗决定派章衡前往辽国看看到底怎么回事。

辽国国王设宴款待大宋特使。席间，辽王提出对对子，并出了下联："三光日月星"。这个下联难度很大，又是量词，又是日月星之光。

没想到，上联一出，章衡就对出上联："四诗风雅颂"（《诗经》中雅，又可分为大雅和小雅，故统称为雅字）。

辽王见文的不行，立即又想出个主意，希望能和章衡较量一下箭法。章衡毫不迟疑，一口就答应了。

辽王当即选来两个弓箭手，到室外即兴表演百步穿杨的箭术。所谓百步，大约在 150 米左右。两个弓箭手都是连射三箭，箭箭直入靶心。

轮到章衡，他不慌不忙地取出三支箭，第一支箭，嗖！正中靶心。第二支箭，拉满弓，嗖！穿透厚厚的靶心，飞了出去。所有人都惊呆了。章衡取出第三支箭，嗖！那支箭从箭靶子上方飞过，射中了靶外的一只飞鸟。

如此精准的箭术让辽王连连称赞，也让辽王害怕：宋朝的文官竟有如此神箭手，武官岂不更恐怖！章衡以文武兼备的才略，赢得辽国的尊重和优厚待遇，使得辽王不敢对宋朝有非分之想。章衡"神箭扬国威"的故事在史书上留下浓重的一笔。

岳飞：精忠报国，还我山河

岳飞（1103～1142年），字鹏举，是宋代著名抗金将领，杰出的民族英雄。岳飞不但会带兵打仗，本人还是一位武术高手，在中国武术史上被尊为"武圣"，深受后世敬仰。他创立的岳家拳、岳家枪一直在民间流传，至今不绝。

岳飞生于河南省安阳汤阴县。《汤阴县志》记载，岳飞还未成年，就能拉开300斤的硬弓，能引发八石（约480公斤）的腰弩。岳飞之所以武艺高强，与他年轻时遇到的两位武术大师周侗、陈广分不开。《汤阴县志》记载，岳飞"向周侗学射箭，向陈广学枪法。"

周侗是岳飞同乡，因为主张抗辽抗金，不为当时掌权的主和派所喜。政治上不得意，遂专心武学，周侗独创武术套路，是中国民间最著名的武师之一。在很多故事中，周侗是非常了不起的武师，他的徒弟个个武艺高超，威名远扬。大徒弟玉麒麟卢俊义；二徒弟豹子头林冲；三徒弟史文恭，后因心术不正，被逐出师门；四徒弟是大名鼎鼎的行者武松。武松打虎后，去见了周侗一面。周侗觉得武松力大无穷，但主要靠拳头上的功夫，于是指导武松加强腿功练习。周侗将一套腿功绝招"玉环步鸳鸯脚"传给了武松。这样，武松就成了周侗不记名的弟子。周侗的五徒弟，即关门弟子岳飞。

周侗去世时，岳飞不到20岁，渴望在武艺上能更进一步，听说当地有位枪棒高手叫陈广，遂拜他为师，专心研习枪法。陈广见岳飞刻苦练功，很喜欢这个小伙子，除了枪法，还传授了刀术、锤术、锏术以及徒手技击术等。

宣和六年（1124年），岳飞只身来到相州韩府（今河南省安阳城区东南营街韩王庙）当庄园保镖。一天夜里，当地一个叫张超的劫匪率众攻打庄园。《岳飞庙志》记载："飞闻警拒之，张超恃勇前上，飞凭借墙头拈

弓一箭，射中超的咽喉。超倒地身死，贼众奔溃。"岳飞不惧敌众，表现出过人的胆识和娴熟的箭术功夫。后来岳飞从军，投奔抗金英雄宗泽麾下。

岳飞母亲姚氏，是母教典范和妇女楷模，在国家危亡之际，她励子从戎，精忠报国。岳母曾在岳飞背上刺有"精忠报国"四字，一直被传为佳话。

据《岳飞庙志》记载，靖康元年（1126年），岳飞赴援京师，途中在滑洲（今河南省滑县）的黄河岸边与金军发生了一场遭遇战。有个金兵将领舞刀而前，岳飞毫无惧色，"（岳飞）以刀承之，刀入寸余，复拔刀击之，斩其首。"

1128年1月，金军大举南侵，进犯孟州（今河南焦作孟州）汜水关。宗泽命岳飞为踏白军（即古代侦察兵），率领五百骑兵前往侦察。岳飞在汜水关一带，跃马左射，敌将应弦而倒，金军溃败。经此一役，岳飞被宗泽任命为统领，不久又提升为统制。

岳飞后来以铁枪为主要武器。据《宋史·岳飞传》载：岳飞"战于太行山，擒金将拓跋耶乌。居数日，复遇敌，飞单骑持丈八铁枪，刺杀黑风大王，敌众败走。"

短兵器中，岳飞喜欢用锏。建炎元年（1127 年），与金军交战于曹州时，岳飞手挥一对四刃铁锏，直冲敌阵。后来，宋高宗还特地赐予了岳飞一对铁锏。

宋建炎四年（1130 年）春，岳飞正式驻兵宜兴。得知金国大将金兀术南下受挫，退兵时会途经常州后，岳飞自宜兴奇袭，四战四捷，金兵死伤无数。宋高宗赵构听此消息，也十分兴奋，命岳飞和正在扬子江一带的韩世忠共同作战，伺机收复建康。

韩世忠在黄天荡（故址在南京栖霞山摄山湖一带）以八千水师与十万金兵对峙，长达 48 天之久。这期间，岳飞率军激战清水亭，斩杀金军 170

多人，缴获战甲、弓箭3000多件，这是金兵渡江南下以来遭遇的第一场大败仗。

五月初，金兀术准备从建康撤军。岳飞得到消息，夜里派出一百名黑衣突击队，潜入金营偷袭。金兵在黑暗中不辨敌我，慌张之际一味胡乱砍杀，伤亡惨重。

后来，金兀术侥幸击败韩世忠的水师，自建康静安镇（今南京西北）渡江北归。岳飞得知消息，在牛首山再次打个伏击战。岳飞手持丈八铁枪，在金兵队伍中纵横驰骋，左刺右挑，如入无人之境。

静安一役，岳家军杀敌3000多人，俘虏300多人，缴获兵甲、辎重数以万计，再次大获全胜。建康得以收复。从此，金兵一听到岳家军三字，即闻风丧胆，感叹："撼山易，撼岳家军难！"

宋绍兴十年（1140年），岳飞在河南开封附近的郾城（今漯河市郾城区）大破金兀术的主力部队，然后进兵朱仙镇，收复郑州、洛阳等地。岳飞满怀信心地对部下说："直抵黄龙府（今吉林省农安县城），与诸君痛饮尔！"

哪曾想，岳飞的战绩和声望引起了皇帝的忌惮。宋高宗和宰相秦桧在宋金议和期间以十二道"金字牌"催令岳飞回朝。1142年1月，岳飞被秦桧以"莫须有"罪名处死。虽然身死，但岳飞抗击金兵、收复故土的强烈爱国精神，一直是华夏文明最深沉的底色。岳飞精湛的武艺、深厚的武功，就像他的《满江红》一样，感情激荡，气势磅礴，激荡着中华儿女心灵深处的爱国情怀：

怒发冲冠，凭栏处、潇潇雨歇。

抬望眼，仰天长啸，壮怀激烈。

三十功名尘与土，八千里路云和月。

莫等闲、白了少年头，空悲切。

靖康耻，犹未雪。臣子恨，何时灭。

驾长车，踏破贺兰山缺。

壮志饥餐胡虏肉，笑谈渴饮匈奴血。

待从头、收拾旧山河，朝天阙。

陆游：铁马冰河入梦来

陆游，留给人的印象是一个吟诗作赋的儒雅书生，像唐代杜甫一样忧国忧民，无日不在盼望着王师北伐中原。他与唐婉的爱情故事更是令人唏嘘。但很少有人知道，真实的陆游身材魁梧，是一位功夫高手，一辈子剑不离身。陆游自己曾说："读书三万卷，学剑四十年。"可想而知陆游剑术之娴熟。

陆游是东京（今河南开封）人，出生第二年即遇靖康之变（1127 年，金朝南下攻取北宋首都东京，掳走徽、钦二帝，导致北宋灭亡）。陆游一家跟随逃难百姓南下，最后在浙江山阴县（今绍兴市）定居。"儿时万死避胡兵"是陆游早年逃难时留下的记忆。

陆游的父亲叫陆宰，是位具有强烈爱国意识的士大夫，他在家中经常谈论国家局势，对陆游影响很大。山阴离都城临安不远，主战派人士常到陆游家聚集，纵谈国事。说到二帝被掳、金人残暴、岳飞被害等事件，个个义愤填膺。陆游受此影响，年轻时曾写下了"上马击狂胡，下马草军书"的志向，想当一名上马杀敌的军人。

陆游一生写诗过万，目前只留下 9000 首，其中有许多脍炙人口的爱国名篇。陆游一生念念不忘的，就是有朝一日能够驰骋沙场，挥师北伐，收复中原。

征战沙场，需要强健的体魄，陆游为此苦练本领。因为长期锻炼，有了过硬的武术功底，这才有了陆游在南郑打虎的经历。

南宋朝廷在临安的西湖歌舞中变得麻木的时候，南宋还有一批爱国志士不甘国土沦陷，寻找一切机会为北上抗金而奋斗、呐喊。陆游、辛弃疾就是主张北伐的代表。他们很清楚，偏安一隅的临安危机四伏，若不进行反击，临安就是孤城，坚守不了多久，到那时，大家将无处可逃。

果不其然。绍兴三十一年（1161 年）五月，金国派来使者给宋高宗送生日贺礼，送来的竟是一封战书。金国要求：南宋割让长江以北的土地，若不答应，金兵即刻挥师南下，直取临安。高宗看到这份战书，首先想到的不是奋起反击，而是逃跑，甚至为逃跑修了一条"阔丈五尺"的大道。

陆游刚刚进入官场时，只是个小官，很少有机会见到皇上。但宋朝有一个"轮对"政策，即官员有轮流觐见皇上的机会。陆游见到宋高宗后言辞恳切，请皇上御驾亲征，被高宗斥责。可陆游并不甘心，毫不退让，几乎以死相谏，最后落得个因"力说用兵"之罪而被罢官的下场，只得退居山阴，开始了长达四年的闲居生活。

陆游一生出任的官职都不大，却几起几落，一直到 46 岁时被起用为夔州（今重庆市奉节县）通判，仍是一个小官。任期将满时，陆游给力主抗金的四川宣抚使（相当于西南战区总司令）王炎写了一封自荐信，愿助他一臂之力。

王炎是南宋主战派将领，自任四川宣抚使起便开始召集各路爱国志士，准备北伐。看到陆游的信，便立即复信，表示欢迎。

四川宣抚使司驻地在南郑（今陕西汉中南郑县），这里是南宋与金国的西分界线，同时也是南宋抗金的前沿。王炎任命陆游为军事参谋兼办公室主任。这年，陆游 48 岁，算是第一次实现了从戎报国的梦想。

╳ 陆游图

陆游在南郑工作的时间不长，从 1172 年 3 月到任，到 1172 年 10 月离开，前后只有差不多八个月。但就是这短短的八个月却改变了陆游的一生，甚至可以说是他人生的辉煌时代。

陆游在南郑的活动范围主要在陈仓道、褒斜道、傥骆道三条翻越秦岭的古道之上。这里山高林密，猛虎成群，食人不知其数。一次，陆游带领 30 个士兵视察军情，在山林中忽遇一只老虎，陆游立即从士兵手中夺过长矛，冲向老虎。老虎直立身体，迎面向陆游扑来。陆游挺矛而进，大吼一声，长矛刺进老虎体内，血涌而出。受伤的老虎还在挣扎，陆游一使劲，长矛断裂，遂即使出多年的功夫，猛拳击虎。未几，老虎长啸一声，血尽而亡。

陆游在南郑遇虎，不止一次。一日傍晚，陆游跃马扬鞭大散关（在陕西宝鸡西南秦岭北麓的大散岭上，也称散关），前面突然有只老虎拦住去路，这次的老虎个头不大，但十分凶猛。陆游直接挺剑刺虎，如流星般连环刺击，老虎毙命，陆游衣服上，也溅了一身血："挺剑刺乳虎，血溅貂裘殷。"

除了打虎，陆游还利用过人的功夫底子当过侦察兵。他是王炎的参谋长，需要为王炎提供作战方案，这就需要准确的情报。陆游曾亲自越过南宋与金国的边界，到对方军营附近侦察。

没想到的是，正当王炎和陆游两人拟定好作战方案，准备与金国人打一仗时，朝廷一纸调令，将王炎调回枢密院，四川宣抚使司也随之被撤销。陆游只得带着家人，前往成都谋生。

陆游的理想是像卫青、霍去病那样在疆场上建功立业，好不容易到了前线，没想到竟是这样匆匆收场。在此后的三十多年中，陆游基本上都是抑郁悲愤的。临终前，他写了一首著名的爱国诗篇《示儿》：

死去原知万事空，但悲不见九州同。

王师北定中原日，家祭无忘告乃翁。

PART 08
元代武术：角抵与骑射

中国是一个多民族的文明古国。众多少数民族在发展过程中，曾诞生过许多具有地方特色的武术文化。元代武术具有鲜明的蒙古族特点，民间"角抵"武术发展尤为兴盛，兵械武术也因常年征战的需要，形成了一种独特技艺。元代拥有中国历史上最广阔的疆域，在其开疆拓土的过程中，武术无疑起着重要作用。

1279 年，忽必烈灭南宋后统一全国。元统治者来自游牧民族，他们对于其他民族的武术及习武之人具有高度戒备心理。忽必烈统治时期，禁止汉人习武、打猎、持有兵器和马匹。元统治者不仅禁止汉人习武，还多次对民间武术器械进行查禁、收缴，这一系列限制政策严重阻碍了武术的传播和发展。但是，不管元统治者如何压制，中华武术都会以其强大的生命力，以各种形式传承和生长。

元代，从皇宫到民间，一直盛行"角抵"活动。角抵，与摔跤、相扑类似，即两两徒手较力，是中国古老的武术项目之一。元代宫廷流行角抵比赛。《元史》中曾有多处记录，发现优秀角抵人才，皇帝即赏之。一次，元太宗听大臣说，有个叫力浑的武士厉害，以力大著称。力浑出猎时与同伴散失，遇强盗围攻，他力敌三人，并将强盗全部打倒捕获。太宗以为奇

✕ 蒙古摔跤

人，遂召见，让力浑与宫中武士角抵，结果宫中武士无人能敌。太宗因此赏赐力浑许多金银珠宝，并命他做自己的保镖，负责夜晚守卫自己的寝宫。

元武宗也喜欢看角抵表演，他对角抵对抗中屡战屡胜的武士马沙谋表示赞赏，并让其升官。但天外有天，有个叫阿里的武士，在角抵中打败了马沙谋，阿里因此获赏白银千两。《元史·英宗本纪》记载，元英宗曾赏赐120名角抵武士，每人各千贯钞。一次为120名角抵武士封赏，足见元代角抵活动规模之大。

元代风靡角抵，女性也热衷此道。世代生活在草原大漠中的蒙古妇女，体魄多英武强健，《马可·波罗游记》记载，元世祖忽必烈的侄女，叫艾吉阿姆（蒙语，明月之意），她武艺高超，公开宣布，只嫁给武术高人，谁在角抵中战胜她，便为夫君，这就是传说中的比武招亲。这段记载表现了蒙古族女性的尚武精神，也说明元代角抵武术，已广泛普及。

北方诸族均精于骑射。杰出的骑射武艺在征战中发挥了极重要的作用。史家称金、元以"骑射"立国。元太祖成吉思汗即以骑射、跤术等武艺著称。《马可·波罗游记》记载，元成宗铁木耳远征印度，凭精良射技战胜印军大象队。当时，印军有大象二千头，身负战台，每台有战士十余人，又有骑兵、步兵六万余。蒙古骑兵一见大象，马即惊溃，蒙军乃下马伏于林中，待大象队至近前，万箭齐发，矢如雨下，象或死或伤，掉头奔逃，印军大败。可见蒙军射术之威力。

蒙古族的"那达慕"节，是蒙古族人用以训练和选拔战士的竞技大会，列摔跤、赛马与射箭为三项主要赛事，在此赛会上获胜者，可荣获"国之勇士"光荣称号。至今，蒙古族人当中，仍不断涌现出跤术高手，正是这个民族悠久尚武传统的体现。

元代蒙古军以武力横征欧亚，除凭借精锐有力之骑射武功外，亦擅长多种武术器械，短兵以剑、刀、斧、锤为主，长兵则以枪为主。蒙古军所持之弓，威力颇大，军士备箭甚多，故能发矢如雨，穿甲透铠而莫之能御。蒙古军人所持的复合弓，由动物的角、木头组成，此弓最大射程，可达300～500米。蒙古族有位神箭手，名叫移相哥，曾在射箭比赛中，以335尺（约502米）的距离，射中靶心。为纪念移相哥高超的射技，成吉思汗专门为其立碑。

值得一提的是，蒙古军中，有一种很厉害的暗器，名叫轮圈。

据周纬《中国兵器史稿》记载，蒙古战士所用兵器甚多，其中一种名为轮圈，此种轮圈甚小，每个战士左手腕上常套带七八个之多，需要时，以右手手指取圈掷敌，可直击敌人头颈等部。此种轮圈，出其不意，具有很强的隐蔽性，后来归类于暗器一类，在民间武术中，很有几分传奇色彩，同时也为中国武术增添了一项独特的技击内容。

PART 09
大明：武艺集大成的发展期

　　明代（1368 ~ 1644 年），是中国功夫集大成的大发展时期，流派林立，不同风格的拳术、器械都得到了发展。火器，虽然在宋代已使用，但直到明初才开始频繁用于战场，且火器的使用并未影响中国武术的发展。由于大炮十分笨重，有的大炮甚至重达万斤，运输、使用皆不方便，所以并没有在战场上发展成主力武器，决定战斗胜负的仍是士兵掌握的功夫。因此，明代建立了庞大的军事机构来训练士兵的格斗功夫。明代杰出武术家戚继光在《练兵实纪》中记载："日西，各于便处习学武艺，或学马，或学披甲，至昏而止。"

　　唐代时，唐刀传入日本。至明代，日本在唐刀的基础上，发展成武士刀，亦称倭刀，转而传入中国。这种日本刀以劈砍术见长，攻守兼备，多以双手握刀使用。

戚继光：南北驱驰，横戈马上

"南北驱驰报主情，江花边月笑平生。

一年三百六十日，多是横戈马上行。"

这首诗是明代抗倭名将戚继光所作的《马上作》。戚继光一生戎马倥偬，在东南沿海抗击倭寇十余年，后又赴蓟门戍边，感慨之余，写下这首诗。

14 世纪下半叶的日本，诸侯割据，互相攻伐。在战争中失败的封建主组织武士、商人、浪人（即倭寇）到中国沿海地区进行武装走私和抢掠骚扰。对此，明太祖朱元璋实施海禁政策。但日本海盗、倭寇等也会冲破海禁，与沿海的一些地方贪官、恶霸、奸商、罪犯等勾结，涌入浙江、福建、广东沿海抢劫杀掠、肆意妄为。

明嘉靖年间，倭患越发猖獗，东南沿海百姓深受其害。明政府为平定倭患，进行了长达十多年的声势浩大的清剿行动，其中涌现出戚继光、俞大猷等威震四方的抗倭将领。

戚继光在抗倭战斗中功勋卓著。他根据实战需要，撰写传世兵法，创造武器，发明戚家拳，打破了传统抗倭战术，"锻造"出戚家军，开展了轰轰烈烈的荡寇战争，并促进了明代武术的发展。

戚继光生于将门之家，少年时反叛不羁，后在父亲的耐心教导下才开始练习武术。经过数年苦练，戚继光能在飞驰的马上弯弓搭箭，百步穿杨。他的力气很大，能单手举起石锁，拳术、刀法、剑术也相当熟练。戚继光特别崇拜宋朝的岳飞，希望有朝一日能像岳飞那样投身疆场，报效国家。

明嘉靖二十八年（1549 年），戚继光参加武举考试，考取了武举人，后被任命负责防御山东一带的倭寇。明嘉靖三十五年（1556 年）七月，29 岁

✕　板厂峪长城位于河北省秦皇岛，为明代戚继光主持修建

的戚继光担任宁绍台参将。八月，倭寇 800 余人兵分三路进犯浙江龙山所
（今浙江宁波慈溪市龙山镇龙山所村）。

　　参将卢镗率一万多明军，在一个叫高家楼的地方与倭寇相遇，竟然一
触即溃，四散奔逃，几百个倭寇在后面穷追。关键时刻，戚继光登上高石，
连发三箭，射杀三路倭酋，战争局面一下子被扭转。众倭寇大惊失色，节
节败退。

　　戚继光深厚的武术功底，使他在历次战斗中都十分勇猛顽强，很快得
到了浙江直隶总督胡宗宪的信任。

　　针对日本倭刀的特点，戚继光就地取材，以当地盛产的毛竹为枝干，
发明狼筅（xiǎn），成为明军对付倭刀的利器。狼筅是在长而多节的毛竹
顶端装上铁尖，保留两旁竹枝，并在尖刺上敷上毒药。战斗时，倭刀虽锋
利，却不能一下子砍断所有竹枝或竹竿，若被削去一层，还有第二层、第

三层竹节。进攻时，狼筅冲锋在前，长枪兵紧随其左右，大刀手接应于后，对倭寇有很强的杀伤力。

除了狼筅，据说戚继光还发明了镗钯，并改进了鸟铳、佛郎机等火器装备，以便作战时远距离射杀敌人。

针对东南沿海地区多丘陵沟壑、河渠纵横、道路窄小等特点，戚继光发明了著名的"鸳鸯阵"，这是一种以12人为团队、攻防兼宜的队形，使军队战斗力大大提高。

在士兵个人格斗能力培训方面，戚继光根据自己祖传的武术套路，结合在抗倭过程中的实战经验，创造了新式戚家拳。久而久之，这支勇敢善战的精锐之师被百姓称为戚家军。

戚继光是中国武术史上杰出的武术家，对中国武学做出了很大贡献。他在著作《纪效新书》中科学而系统地阐述了中国武术的健身、强体、战斗等技巧，尤其在《拳经捷要篇》中对拳法进行了比较全面的讲述，主要包括武术的基础、风格、速度，还对手、眼、身、法、步、劲的协调，对刚与柔，上与下，胆与艺，以及打、摔、踢、擒等进行了科学论述。至今，《纪效新书》仍是中国武术史上不可多得的武学巨著。

"男儿铁石志，总是报国心。"这是戚继光的著名诗句。他把精湛的武术悉心传授给兵士们，在抗击倭寇的战斗中，武术发挥了极其重要的作用，戚继光也因此成为蜚声海内外的一代名将，一位威震四方的抗倭爱国英雄。

瓦氏夫人：巾帼不让须眉

> "岛夷缘海作三窟，十万官军皆暴骨。
>
> 石柱瓦氏女将军，数千战士援吴越。
>
> 纪律可比戚重熙，勇气虚江同奋发。
>
> 女将亲战挥双刀，成团雪片初圆月。"

这首诗叫《双刀歌》，作者吴殳，为明末遗民，他既是诗人，又是功力深厚的武术家。《双刀歌》收在他的武学名著《手臂录》中。《手臂录》是中国武术的重要文献，该书对各家枪法及单刀作了精辟的论述，对峨眉枪尤为推崇。这首诗中挥舞双刀的"石柱瓦氏女将军"是谁？

明嘉靖年间，倭寇横行东南，沿海百姓备受荼毒，朝廷奋起反击，涌现出戚继光、俞大猷等著名的抗倭英雄。当时，还有一位与戚继光、俞大猷并肩作战的女将军，被称为瓦氏夫人。

中国古代曾出现过许多功夫女子，她们习武练功，征战沙场。其中花木兰、穆桂英、樊梨花、梁红玉更是被列为中国古代四大巾帼英雄。但这四个女将中只有梁红玉是真实存在的，其他三人皆为民间话本中的虚拟传说。若说历史书中真实存在的女将军，除梁红玉外，还有商朝的妇好、唐代的平阳昭公主、明末的秦良玉等。明嘉靖年间，岭南的少数民族地区也曾出现过一位杰出的女将——瓦氏夫人。

瓦氏夫人，生于明孝宗弘治十一年（1498年），是广西归顺州（今广西靖西）土官岑璋之女，嫁给田州府（今广西百色市田东、田阳一带）土官岑猛为妻，为避同姓相婚，遂改姓瓦氏，史称瓦氏夫人。

归顺州属于边远山区，是壮族聚集地。史载，瓦氏"聪敏好学"，熟读汉文经典，通经史大义。但是壮族人自古尚武，在尚武精神环境里长大的瓦氏性格刚烈，自幼喜欢枪棒剑术。父亲岑璋还请了武术高手来指导瓦氏。

明代，少数民族的土司武装是国家军事力量的一个重要组成部分。归顺州也有自己的武装，需要经常进行格斗、阵形等军事训练。瓦氏跟随在父亲身边，看着父亲训练士兵，对各种格斗、兵器、布阵、兵法、韬略早已谙熟于心。

瓦氏善使一把双刀（亦称双手刀、细刀，是南方苗、壮等少数民族使用的一种长柄刀，使用时，可双手握柄，故名双手刀。一直以来，双手刀为皇家御林军所佩持，其特点是刀随人转，势如破竹），被诗人描绘成"成团雪片初圆月"，可见瓦氏刀法纯熟自如，得心应手。

瓦氏后来嫁给田州府土官岑猛，因会武术，对于岑猛的事业多有帮助，特别是在士兵的训练方面，甚至可以独当一面，参与督导。

明嘉靖三十三年(1554年)，倭寇侵扰东南沿海，大肆掠夺。明朝廷虽多次派兵征讨，只因明军武备废弛，倭患越发猖狂。不得已，朝廷只得征兵。

当朝廷征兵的命令送到田州时，瓦氏夫人已年过半百，膝下只有两个年幼的曾孙，但是她毅然应命出征，被朝廷授予"女官参将总兵"，率田州、归顺州、南丹州、那地州、东兰州等州组建的军队，共计6800余名土兵，奔赴东南沿海剿寇。出发之前，瓦氏高呼"誓不与贼俱生"。

瓦氏率领的广西狼兵水陆兼程，辗转数千里，于嘉靖三十四年（1555年）3月到达前线金山卫（今上海境内）。瓦氏面见兵部尚书、东南抗倭总指挥张经，下请战书。张经命瓦氏先驻守金山卫，受总兵俞大猷指挥，加强操练，随时出击。

瓦氏治军严明，驻金山月余，士兵不扰民，不取一粒粮，受到金山卫百姓的高度赞赏。

瓦氏又深明兵法与技击术，加强技击训练：士兵"以七人为伍，每伍自相为命"。战时，每伍"四人专主击刺，三人专主割首"；"一人赴敌，则左右大呼夹击，一伍争救之……一伍赴敌，则左右伍大呼夹击，一队争救之。"

这便是瓦氏夫人发明的独特阵形，大家抱团作战，相互策应，对付单兵作战的倭寇非常有效。后来，戚继光发明的"鸳鸯阵"就是从瓦氏夫人布置的阵形中得到了有益启示。

在松江，瓦氏夫人率士兵与200名多倭寇作战。一开始由于不熟悉倭寇，出战并不顺利，部分人为倭寇所困。瓦氏夫人挥舞双刀奋力突围，鼓舞了士气，士兵继而奋勇杀敌，冲出包围圈，杀倭寇50余人，而己方仅阵亡六人。

苏州盛墩（今江苏吴江市平望镇胜墩村）是倭寇沿运河北上骚扰吴江县城的必经之地。嘉靖三十四年（1555年）4月26日，数千倭寇分乘十几条大船，沿运河焚掠而来，吴江守军奋起反击，盛墩水上阻击战开始。

由于倭船很大，而吴江守军船小，

中国功夫中真的有点穴吗？

点穴术是中国功夫的一种。当然，文艺作品中所描绘的那种"指如疾风，势如闪电"的葵花点穴手，只是艺术想象。但是作为中医中的一种治疗手法，点穴术是存在的。穴位，是中医治疗体系中最重要的人体基础知识，很多病症都可以通过对不同穴位的治疗，从而达到一定的效果。比如日常生活中最常见的牙疼症状，找准一些对应的穴位，持续用力按压一段时间，能明显感觉缓解疼痛。

这种点穴术在功夫中会有技击作用吗？这是肯定的。因为人体的很多薄弱部位恰恰是穴位所在，比如后脑、太阳穴等，击打这些部位会危及生命。中医经络学上，人体最容易暴露的就是太阳穴，被称为"经外奇穴"，也是早被各家武术拳谱列为人体要害部位的"死穴"之一。《少林拳谱》中记载，太阳穴一旦被点中，轻则昏厥，重则殒命。现代医学证明，击打太阳穴，可致命，或造成脑震荡，使人意识丧失。

这场阻击战打得十分艰难。正在双方胶着之际，瓦氏夫人率狼兵赶到，和当地守军联合出击。瓦氏夫人始终冲锋在前。明人谢肇制在《五杂俎》中记载："国朝土官妻瓦氏者，勇鸷善战，舞戟如飞，倭奴畏之。"瓦氏夫人的双手刀适宜近身作战，如果在船与船之间，她有时也使用长柄画戟。瓦氏带来的狼兵更是骁勇异常："一兵年甫弱冠，独奋身冲锋，连杀七贼，众兵乘势追击，斩获数十，贼皆溃逃。"

盛墩一役，共斩首 300 余级，远近百姓拍手称快。后来，当地人将盛墩改称为胜墩，以为纪念。

东南抗倭总指挥张经也对瓦氏夫人取得的战绩高度赞赏。然而，明朝末年官场腐败，前方将士舍命拼杀，后方严嵩及其党羽却诬陷张经"养寇不战"。昏庸的嘉靖帝听信谗言，欲逮捕张经。诏书未到之际，张经迅速发动了著名的王江泾（今嘉兴市秀洲区王江泾镇）之役。瓦氏率领土兵，在俞大猷的指挥下直捣王江泾倭巢。各路兵马协同作战，将四千多倭寇包围在王江泾，共歼寇三千余，是东南御倭之战以来的首个重大胜利。王江泾大捷后，土兵在陆泾坝之役中再次重创倭寇，杀寇三百余。土兵到江浙不过数月，屡建奇功，威名大振，倭寇闻风丧胆，瓦氏夫人的英名也传遍江南。

王江泾大捷并未救得了张经。接替张经者均非将才，指挥失度，致使土兵伤亡惨重。瓦氏忧心如焚，只好告病返乡。但国家危难之际，瓦氏夫人千里驰援、奋勇抗倭的壮举，赢得后世的歌颂和景仰。

PART 10

清代：精于骑射，以弧矢定天下

清朝是中国历史上最后一个封建王朝。和元代统治者蒙古族一样，满族是一个能征惯战的北方民族，以骑射著称。清世祖顺治元年（1644 年），清军入主中原，自诩"以弧矢定天下"，意思是，以强弓、快马取得天下，故在清早期、中期，朝廷在军营中十分重视武技训练。八旗兵以骑射为本，兼习长枪、刀、牌等器械。即使有火器装配军队，战士也要习练骑射和刀牌。

清兵入主中原后不久，立即颁布了举行武举考试的诏令。清统治者之所以能毫不犹豫地接受武举制度，除军队确实需要人才外，更是与满人的骑射传统分不开。一开始，朝廷想招揽天下文武双全者，因此制定了一个内场考试：要参加武举，就必须写篇武术论文。奈何这事难住了天下习武之人，应试者寥寥。后来清政府直接废了内场，只进行外场专业考试，主要科目有：马箭、步箭、技勇（弓、刀、石）等。

16 世纪中期，西方火枪开始传入中国。1767 年，清朝进攻缅甸，双方兵器均以火器为主。在这次战役中，武举进士出身的贵州游击将军何道深，曾率兵深入敌境，终因火药铅丸用尽而撤兵，可见火器在实战中已广泛使用。在此情况下，武举考试已严重滞后，不可能提供近代战争需要的军官，战争的近代化将武举淘汰出局。1901 年，清政府颁布上谕，正式取消武举考试。

清代武术发展有个显著特点，那就是民间创立教派，秘密结社，以反抗清朝统治者的压迫。鸦片战争后，外国列强入侵，广大民间武术家以报国为己任，积极投身反抗斗争，促成了拳会与教派结合，极大地推动了民间武术的传播。清初，各地相继组织了许多以反清为宗旨的秘密结社，如天地会、白莲教、八卦教等，还有青洪帮、哥老会等江湖组织。这些组织大多以劳苦大众、农村贫雇农为基本成员，组织形式包括练武、治病、互济等方式。有些分支组织，就直接以武术为名，如红枪会、顺枪会、小刀会、义和拳等。其中影响最大的，属洪秀全创立的拜上帝会。

道光二十三年（1843 年）夏，洪秀全在广东花县（今广州花都区）创拜上帝会。《太平天国起义调查报告》称："洪秀全一击铜鼓，学拳的人就来。"洪秀全创教的策略，就八个字：公开练拳，秘密传教。此教旨在号召民众信仰上帝，击灭阎罗妖（指清统治者），实现"天下一家，共享太平"。从创教开始，洪秀全十分注重发展武艺高强者。所以后来组建的太平军中，几乎所有将领皆武艺高强，骁勇善战。如东王杨秀清，原是高要县武生；西王萧朝贵，被誉为"勇敢刚强、冲锋第一"；英王陈玉成，自幼习武，14 岁入太平军，擅使回马枪；豫王胡以晃，在参加武举考试时，拉折硬弓；燕王秦日纲，能力举百钧；彰王林凤翔，能跑马换马、跑马射箭。翼王石达开，堪称一代武术宗师。《清稗类钞》中这样记载："日与健儿数十辈驰马、骑射、击剑、舞架以为乐"，又说："游衡阳，以拳术教授弟子数百人。其拳术，高曰弓箭桩，低曰悬狮桩，九面应敌。每决斗，矗立敌前，骄五指蔽其眼，即反跳百步外，候敌踵至，疾转踢其腹脐下，如劲敌，则数转环踢之，敌随足飞起，跌出数丈外，甚有跌出数十丈外者，曰连环鸳鸯步。"

可以说，整个太平天国的高管层，就是一支国家武术队阵容。令人意外的是，洪秀全的死对头曾国藩，也十分注重武术。1852 年，他写了《保平安歌》三首，第三首即为《操武艺》："要保一方好土地，大家学些好武艺。武艺果然学得精，纵然有事不受惊……读书子弟莫骄奢，学习武艺也保家。耕田人家图安静，学习武艺也不差。匠人若能学武艺，出门也有防身计。商贾若能学武艺，店中大胆做生意。雇工若能武艺全，又有名声又赚钱。"

后来，曾国藩又在《晓谕新募乡勇》一文中写道："要你们学些武艺，好去与贼人打仗拼命。你们平日如不早将武艺学得精熟，将来遇贼打仗，你不能杀他，他便杀你。你若退缩，又难逃国法。可见学的武艺，原是保护你们自己性命的。"

无论是洪秀全还是曾国藩，转战各地，走到哪里，武术训练项目一直未丢。军中将士擅长的武艺也被带至各地，促进了民间武术的交流和传播。

震撼中外的义和团运动，在极短的时间内，以带有浓厚宗教色彩的习武形式，动员起千千万万的下层民众，到处开设拳坛，传习武术，拿起武器反抗统治阶级和侵略者。

清代民间秘密的结社活动，在中国武术发展史上，留下了浓墨重彩的一笔。结社的成员多来自五湖四海，都是练家子，功夫五花八门，大家在一起切磋交流，促进了不同武术流派之间的相互吸收与融合。

随着交流深入，中国武术在这段时期演变成各种新的流派，比如少林功夫。因少林寺具有极高的武林声望，许多社团成员以少林弟子为名，传播少林武术。由于是秘密传播，全凭口耳相传，所以少林武术到了清代，分成了南少林和北少林两大流派。至于其他武术流派，也是门派众多，各立门户，自成体系。

PART 11

近代国术救国，雪耻"东亚病夫"

　　1840 年鸦片战争之后，清政府统治的中国屡受西方列强侵略。1894 年，中日甲午战争中中国惨败，暴露了清政府的衰弱无能。这一时期的中国内忧外患，"东亚病夫"一词也随之出现。这样的耻辱让那些一直追寻救亡图存方法的知识分子痛心疾首，他们意识到要雪耻"东亚病夫"，教育是根本，其中首先是体育救国，体育里面又首推国术救国：呼吁练民筋骸，鼓民血气。康有为（1858～1927 年，近代改良派代表人物，领导了 1895 年的"公车上书"，1898 年的"戊戌变法"的倡导者）说："欲强国必须强民，欲强民必须强体。"梁启超（1873～1929 年，中国近代史上著名的政治活动家、启蒙思想家、资产阶级宣传家、教育家、史学家和文学家，戊戌变法领袖之一）则提倡尚武，提倡"中国之武士道"精神。孙中山（1866～1925 年）也提出"强国保种、强民自卫"的主张。一时间，国术救国的思想风靡一时。

民间武师与三元里抗英

三元里（今广州市白云区广园路三元里村）抗英斗争，是中国近代反侵略史上的重要事件。当时的三元里武师平日里不仅自己勤习武术，还把村民组织起来共同习武，以至于中国传统功夫成为三元里抗击英军的主要力量。

当年的英国亲历者奥却他朗尼在其回忆录《中国战争纪要》中总结三元里村民抗英斗争的原因时，这样写道："我军尚未撤出高地防线之前，周围乡村的无数乡民便带着大量武器和旗帜，开始集结在广州城西一带的小山上，气势汹汹。相信这是由于粤省爱国士绅中有影响的人士在群众中散发了煽动性的传单和文告，把群众鼓动起来；再就恐怕是由于我军先头部队中的散兵干下了一些暴行，激怒了乡民。"

当时，驻扎在广州城北高地的英军时常到三元里一带的村子抢掠财物。有一次，英军中一个由印度土著组成的步兵团还挖开了三元里古庙旁的古墓。此等亵渎祖坟之事更是激起了当地村民的强烈愤怒。当事人梁廷楠就记载了夷兵"大肆淫掠，奸及老妇，村民大哗。"

1841 年 5 月 29 日，英军巡逻兵开进三元里。一些士兵强行闯入村民韦绍光家里，企图污辱其妻。让英军没有想到的是，三元里的村民早已自发成立了自卫组织，韦绍光就是领导者。英军的行为酿成了三元里民众与英军之间的第一场冲突。韦绍光一声令下，三元里 100 多村民拿起棍棒、锄头等冷兵器武装自己，同时鸣锣召集四里八乡的男人加入战斗。

5 月 30 日早上，在韦绍光的率领下，三元里村民五千多人在牛兰岗与英军对峙。村民手持长矛、大刀等，以三星旗为指令，"旗进人进，旗退人退，打死无怨。"

英军头目卧乌古指挥士兵负隅顽抗，少校毕霞因紧张恐惧过度，中暑

毙命。敌军乱放枪炮，群众按计划且战且退。有个参与此战的英军在日记中记载："我们的火箭炮继续对着他们的队伍一行一行地推过去，他们仍然没有什么畏惧的表现，摇动着旗帜和盾牌，引诱我们向前进。"

卧乌古气急败坏，命令英军追击。村民们将英军引至牛栏冈附近，忽战鼓擂响，埋伏在四周的乡勇武装七八千人如猛虎般冲出，将英军团团围困，一时间旌旗蔽野，杀声震天。以林福祥为首的五百余名水勇也闻声赶来，参加战斗。

下午一时，电闪雷鸣，大雨倾盆。英军因火药受潮，枪炮失灵，试图以刺刀抵挡，却很快发现："刺刀之于中国人的长矛，只不过是一种可怜的防御物罢了。"

三元里周围乡民素有习拳练武之风，很多人在武馆中学习技击术。这次事件的领导者韦绍光自幼习武，身材魁伟，臂力惊人，可举起四百斤的石碾，且精通拳术，在村中武馆担任教练，专门教习武术。他还参加过林则徐的水勇，回乡后召集乡民抗击英军。

另一武师唐夏村农民颜浩长，身力雄勇，武艺惊人，是三元里的武术教头。在三元里的战斗中，颜浩长手持大刀，冲锋在前。

周春，是沙田岗的耕农，身怀武技，慷慨仗义，力大无穷。他每次练功时都会穿上几十斤重的铁鞋，久而久之，竟让他身轻如燕。周春之妻阿凤善使双手刀，也和其他妇女一起参加了三元里战斗，当时有诗赞曰："妇女同心即健儿，犁锄在手皆兵器。"

三元里人之所以能在抗英斗争取得胜利，村民们的精湛武功发挥了重要作用，他们用长矛、大刀等原始兵器，揭开了近代中国人民反侵略斗争的序幕，谱写了一曲不朽的爱国主义颂歌。

霍元甲：雪耻"东亚病夫"

"东亚病夫"的称号是近代中国人最深的耻辱。从清末到民国初年，为雪"东亚病夫"之耻，中国武术界开启了"国术救国"行动，意图建构一个全民参与国术的伟大蓝图，期望以国术来改造国民身心、唤醒国人的尚武精神，以传扬中国武术，共同抗击西方列强的入侵。

清末民初，在"国术救国"的背景下，武术由一门普通的技击术上升到"国术"高度，进入了大发展时期。"国术救国"的口号风行一时。上至达官贵人，下至黎民百姓，无数人习武练拳，希望有朝一日能上阵杀敌。

✕ 贵州甘溪侗寨村民农闲习武练拳 人人会功夫

当年上海滩涌现出很多顶级的武术实战高手，如霍元甲、顾留馨、王子平、蔡龙云、傅钟文等，霍元甲就是其中的杰出代表。

霍元甲（1868～1910年），清末著名爱国武术家，字俊卿，出生于河北省静海县小南河村（今属天津市西青区南河镇，为纪念这位名震中外的爱国武术家，自2009年1月18日起更名为精武镇）。

霍元甲出身镖师家庭，父亲霍恩第，以技击术闻名。元甲有兄弟十人，他排行老四。少年时代，霍元甲体弱多病，无法习武，每次父亲教授其他儿子武艺时，都不准他参与。倔强的霍元甲就穴壁窥之，然后夜里一个人到宅边的枣树园中练习，竟学有大成。

清宣统二年（1910年），几个有革命党背景的人在上海成立"精武体操会"。农劲荪是首任会长，曾留日，并加入同盟会，而后奉孙中山之命回国，在天津开设"淮庆药栈"，以经商为名，结识武林英豪。

当年，霍元甲正好在津门淮庆药栈打工。有一天，有三个学徒各扛一大捆牛膝，每捆两百多斤，喊着号子而行。霍元甲却找出一根棍子，挑起两捆牛膝，快步如飞。这一幕被农劲荪撞见，遂即邀请霍元甲一起去上海开武馆。

来到沪上，霍元甲经农劲荪引荐，认识了南方革命党元老、同盟会上海负责人陈其美。陈其美邀请霍元甲一起创办了精武体操会。陈其美有个宏伟的计划，就是找50名有志青年拜霍元甲为师，半年之后出师，然后这50人又每人收50名弟子，这样一直持续下去，要不了多久，就会有越来越多身怀绝技的革命力量了。就这样，霍元甲成为上海精武体操会的武术总教头。

当时，有个叫作奥皮音的英国大力士在上海摆下擂台，并公开放话："你们中国人，没有一个能够打赢我。"一时间，一些被激怒的中国人跳上擂台与之决斗，怎奈技不如人，先后被打下擂台。这时，霍元甲站了出来。

比赛开始之后，霍元甲拳打脚踢，奥皮音节节败退，最后只得道歉，灰溜溜地离开上海。

霍元甲患有心疾。有一次身体不舒服，被送到秋野医院治疗。秋野是日本人，知霍元甲善技击，就邀请他去看柔道。日本人见大名鼎鼎的霍元甲光临，不肯放过机会，欲与之角斗。霍元甲命徒弟刘正声上场。无奈刘正声全力迎战仍然不敌。霍元甲只得抱病上场，一把抓住日本人的手，轻易将其摔倒在地。秋野见状，十分震惊，对霍元甲更是敬重有加。不料第二天，霍元甲病情加剧，未几遂卒，年四十有三。

霍元甲与友人聊天时，常感叹苍天不公，让自己生不逢时："若我生于数百年前，以长矛短剑杀贼报国，可立不朽功。今日科学昌明，火器出，行阵变，虽有武勇，将安用之？"言辞之间的爱国情操跃然而出，可谓中国众多武林弟子之代表。

关于霍元甲屡屡应战比武的动机，他曾说过，西方人认为我们国家是"病夫国"，那他也是"病夫国"里的一个"病夫"，所以愿意与天底下"强健的人"比试较量。

PART 12

武术抗日：殊死搏杀，保家卫国

1937年7月7日，日军突袭卢沟桥，"七七事变"爆发。日军的进攻遭到第二十九军的坚决抵抗，早已驰名的第二十九军大刀队更是英勇杀敌，轰动一时。十四年抗日战争，日本帝国主义给中国人民带来了无穷灾难，同时也激起了中国人民的激烈反抗。在中华民族面临亡国的危急时刻，众多武林志士舍身杀敌、保家卫国。中国民间武术家常被请去军队担当武术指导，传授格斗术、大刀术、刺刀术。中国功夫在抗日战争中曾发挥过重要作用，特别是在卧底、侦察、巷战、肉搏战、白刃战中，中国军人和中国百姓以血肉之躯与日军奋力搏杀，为中华武术史写下了可歌可泣的一页。

黄啸侠：抗日大刀，威震敌胆

在抗日战争中，习武之人或参与抗战一线与日军殊死搏杀，或主动投身军营教授士兵搏杀技巧。许多武林高手在这场捍卫民族生存与尊严的战争中马革裹尸，血洒疆场。他们的行为使武侠精神从以往的个体行侠仗义发展到群体卫国御敌的博大情怀，著名武术家黄啸侠就是千万个武林志士的优秀代表。

天津有个韩慕侠，在国难当头之时训练出了一支大刀队，1933 年 3 月，在抗日战争初期的喜峰口战役中奋勇抗战，痛杀日寇，因而名扬中华。广州也有一位在抗战时期训练大刀队抗日的武林高手黄啸侠。

1900 年，黄啸侠出生在广东番禺石碁镇莲塘村，他从小热爱武术，后入上海精武会，随总教练赵连和学习武术，后又拜罗汉拳名家孙玉峰为师。孙玉峰精通罗汉拳和罗汉刀，刀艺尤其精湛，有"北方刀王"之称。黄啸侠前后跟随孙玉峰学艺 12 年，深得孙氏罗汉拳和罗汉刀技法真传。

"九一八"事变后，上海精武会的仁人志士义愤填膺，决定行动起来，抗日报国。黄啸侠首先想到的是，若能把孙氏罗汉刀法普及到军民身上，那将会起到增强信心、奋勇杀敌的重要作用。于是，他编写《抗日大刀法》，亲自当教官，并很快在精武会和上海守军十九路军中推广。1937 年，日寇全面侵华。黄啸侠在广州再次创编专门克制日军刺刀的"抗日大刀法"教材，组织抗日大刀队，亲自传授，发动群众练武卫国。

黄啸侠的抗日大刀法在于双手执刀，大开大合，势沉力猛，杀法凌厉，非常注重腰部力量的运用，强调圆滑顺畅，步法灵活，刀点到位，主要刀术由八大刀法进行组合，即劈刀、扎刀、砍刀、斫刀、扫刀、撤刀、撩刀、架刀。

黄啸侠以国民体育会的名义，发动群众练武卫国，并与当时广东省国术协会共同组织大刀法教练训练班，亲自传授抗日大刀法，组织抗日大刀队，受训毕业的学员后来都作为骨干分赴各地，训练当地的抗日军民。

新中国成立后，国家公安部赞赏黄啸侠拳技，邀请他向公安干警传授练手拳和擒拿术。以黄啸侠拳技为基础编写的《擒敌拳》《伏俘拳》《军体拳》等，成为解放军和武警官兵重要的技术教材。2011 年，《黄啸侠拳法》被列入番禺区非物质文化遗产。

黄性贤：徒手夺机枪

黄性贤，1910 年生，福州市晋安区鼓山镇前屿村人，幼年立志治学，课业上倍加努力。然而好景不长，1923 年，黄性贤的母亲被村中恶人打伤，于是他开始为报仇而习武。遗憾的是，还未学成功夫，母亲伤重不治而逝。后来，黄性贤拜 70 岁高龄的长乐武师谢宗祥为师。

谢宗祥乃鸣鹤拳名宿，擅鸣鹤拳与罗汉拳，世称双绝。黄性贤朝夕勤练不辍，深得师傅喜爱。谢师父认为性贤拳志非凡，年少有为，而自己年迈，恐误良材，遂致函福州北门新店乡陈世鼎，继授拳艺。黄性贤亦勤勉苦学，白天随师上山采药，早晚习练拳术，功力猛进，成为鸣鹤拳派后起之秀。

此后，黄性贤只身赴沪寻师访友，在上海精武体育会（原名精武体操会）与青年武术家钟有仁、江海清、杨志成三位太极、形意、八卦名家朝夕相处，苦练技艺 7 年，武艺大进。他在上海开设武馆，前来练功学武者甚众。

正当武馆事业如日中天之时，黄性贤听说福建举办全省武术大考，决定离开上海，回闽参赛。1934 年，黄性贤从沪返榕，参加由省国术社主办的福建省国术擂台赛，也称国术省考。擂台设在福州南门兜南校场（今五一广场）。应考者 128 人，皆为各派武林高手。

黄性贤出场 9 次，连胜 8 场，冠、亚军之战时遇到漳州的张日章。两人决战三个回合，黄性贤略负，居亚军，一时间名扬八闽，并被聘为福州

闽剧班武术指导，导演《少林传》，名噪一时。

　　1937年8月13日，日本帝国主义为扩大侵华战争，在上海制造事变。身在福州的黄性贤闻讯大怒，连忙从众多弟子中挑选64名志士，组成"福州抗日大刀队"，奔赴上海抗日前线。黄性贤经常教导弟子："男儿学武志在报国。"如今抗战爆发，正是为国家效命之时。

　　谁知还未抵达，上海便落入日军之手，黄性贤等只得返闽。后来，黄性贤应征到马尾海军训练营，担任武术教官，继续操练大刀队。

　　1941年4月福州沦陷，黄性贤被闽侯县长段志坚委任为"北鼓台抗日特务大队长"，组织队伍到南屿一带游击抗日。他率队在福州周边打游击，在南屿洲尾截击日军运粮船，在猪头山偷袭日军阵地，袭击日军驻台江吉祥山小分队，战斗中打死打伤日军数十人，缴获枪支数十支。

　　1943年，福州二度沦陷，黄性贤任福州三区特别上校大队长，多次袭击日寇,曾在观音井、苍霞洲一带与日寇遭遇,终因寡不敌众,被迫退回南港。黄性贤心有不甘,次日只身潜入市区,直摸日寇岗哨,毙敌一名,缴获机枪一挺。

翌年 4 月 11 日,黄性贤带着两名弟子摇着舢板船过江,躲过日军岗哨巡逻,回到前屿村,再转到浦东村,剪断电线,中断日军通讯,然后设下埋伏,等着日军通信兵来检查线路。第二天上午 10 时许,果然来了一辆三轮摩托车载着两个日军。黄性贤和两弟子轻而易举将两日军俘获,一时传为佳话。

1947 年,黄性贤前往台湾,投拜太极三杰之一的杨氏太极嫡系郑曼青为师,开始在台湾进行武术研究与交流,蜚声宝岛,誉满武坛。1957 年,黄性贤率徒众到马来西亚砂洲,创办"左晋太极健身学院",并创办"黄氏太极学会",门生达 4 万余人。1989 年,黄性贤还参加了在美国举办的国际武术比赛,又荣获太极拳散打、推手总冠军,并获"武学博士"称号。

窦来庚:功夫少将

窦来庚(1900～1942 年),山东临朐人,中国近代著名武术家,太乙派掌门人。窦来庚出生于中国武术之乡山东临朐县窦家洼村,自幼习武练功,极有功底。他结合祖传拳法,创新拳种,于 1923 年 4 月举办的全国武术运动大会上获最优等。

1928 年,窦来庚赴南京参加第一届国术国考,获最优等(优等之第一名),中央国术馆馆长张之江和冯玉祥将军为其颁奖,奖励龙泉宝剑一柄和锦旗一面,上有冯玉祥将军之手书"我武惟扬"四个大字。一时间,民国报刊争相报道。

1937年"七·七"事变后，窦来庚任国民第三集团军司令部警卫队大队长，1937年11月，日军飞机轰炸济南。12月底济南失守后，警卫队改编为国民军义勇队，窦来庚任队长。他率120人来到临朐，招兵买马，筹集装备。当地人仰慕其爱国豪情，纷纷加入义勇队，队伍很快扩展到300多人，成为临朐县第一支抗日队伍。

1938年1月23日，日军侵占临朐城，烧杀抢掠、无恶不作。窦来庚率领义勇队向临朐城、北关阁展开了猛烈进攻，激战两个多小时，把日寇打得溃不成军，弃城而逃，败退益都，这是临朐抗日史上的第一次胜利。

1938年秋，国民党山东省政府主席沈鸿烈将国民军义勇队改编为"山东省保安十七旅"，窦来庚任旅长。他积极响应"国共合作，共同抗日"的纲领，同共产党人保持密切联系。他率领十七旅袭击日伪据点，劫击敌军粮队，炸毁胶济铁路线，与日军作战20多次，给日寇以沉重打击。

虽然条件艰苦，窦来庚的十七旅还是成立了国术队，原山东国术馆学员成了中坚力量，他们教士兵练刀术，用大刀与日寇作战，十七旅的大刀让鬼子闻而丧胆。

1942年8月29日，日军调集驻张店、淄博、益都、昌乐、寿光、广饶和临朐等10多个县的日伪军共3000多人，由日军司令奥村和掘进九次、杜岗洋右率领，分三路迂回包围十七旅。得知消息后，窦来庚立即在北福山召开紧急会议，研究对策。他们有两种选择：一是避敌主力，暂时隐蔽；二是正面抵抗，与日军决一死战。会上多数人主张暂时转移，以保全实力。但是，窦来庚主张抵抗。

他命令部队坚守阵地，要求大家准备好子弹与大刀。他豪情激昂地说："我们成天喊着打鬼子，保卫国家，鬼子今日送上门来，我们撤走，岂不成为千古罪人。我们要与日寇一拼到底，与阵地共存亡！"

次日凌晨，日伪军向窦来庚所在的阵地发起进攻，十七旅将士们奋起抵抗，战斗打得异常惨烈。终因敌众我寡，十七旅节节失利，先退至福山、八埠顶，后退到邬家官庄，直至弹尽粮绝，战士们抽出大刀，以血肉之躯与敌拼搏。这场恶战从凌晨一直打到黄昏。最后，日军突破防线，十七旅2000多名爱国志士全部阵亡。窦来庚举枪自戕，壮烈殉国，年仅42岁。

窦来庚既是一位功底深厚的武术家，又是一位壮怀雄心的抗日英雄。他的抗日之举令人钦佩，国民政府追授他"少将"军衔。1988年，山东省人民政府追认窦来庚为"革命烈士"。

第三章

天下功夫：
北崇少林，南尊武当

　　中国功夫，究竟有多少流派，多少套路，至今没有人能说清楚。中国历史悠久，幅员辽阔，各地之间的武术风格也各具特色。中国武术以七大拳系而论，即少林、武当、峨眉、南拳、太极、形意、八卦。一些少数民族还有自己独特的武术体系。比如跤术，就在汉族、回族、蒙古族、满族等民族中流传甚广。总体上来看，中国功夫一向有"外家少林、内家武当"之说。少林与武当，可谓双峰并峙，各具千秋，一直是中国功夫的两个主要流派。

功夫　武术与家国理想

✕

PART 01

少林功夫史

　　由洛阳市南行，攀过险要的轘辕（huán yuán）关（俗称十八盘），沿山向西行约一公里，即到少林寺。

　　少林寺坐北朝南，背倚五乳峰，面对少室山。一条小溪自西向东横过寺前，是颍水源头之一。这是一处清幽所在，松涛阵阵，清泉潺潺，青峰之顶浮云缭绕，尤其春暖花开时，一路碧翠，映山红遍及山野。

　　"天下功夫出少林"是世人皆知的一句俗语，反映了少林武术在世界武术史上有着举足轻重的地位，也充分肯定了少林寺是以武术扬名的史实。所谓"寺以武显，武以寺名。"人们谈论少林寺，都会想到少林功夫。武术与佛教，这两种独特的文化在少林寺完美融合，成为中国佛教史、中国武术史上的一段佳话。

跋陀开创少林寺

　　根据《魏书·释老志》记载，（《魏书》是二十四史之一，纪传体题材，

✕ 少林寺

是北齐人魏收所著的一部纪传体断代史书，记载了公元4世纪末至6世纪中叶北魏王朝的历史。释老志，《魏书》篇名之一，记述佛教的起源和基本教义，以及佛教传入中国的经过。）少林寺的开创者叫跋陀。

跋陀，印度人（天竺高僧，后世称西天第二十八祖菩提达摩）。他在悟道之前一面修行，一面云游四方。当初和他一起修炼佛法者先后悟道成功，只有跋陀一无所获。尽管他勤修苦练，还是无济于事。为此，跋陀想自杀了却此生，却被人劝阻："修道要靠机缘，时候到了，你就会有收获。你与震旦（中国）缘分匪浅，与其在此轻生，何不去那里修炼，或能修成正果？"

跋陀闻言，觉得有理，于是先西行到拂菻国，即东罗马帝国（拜占庭帝国），然后沿丝绸之路东行，经过西域诸国，来到北魏国都平城（今山西省大同市）。公元5世纪的北魏王朝是亚洲强国，"文成帝立，推崇佛法，河西、西域皆归魏属，西北僧徒比肩接踵而至。"

跋陀到达平城的时间，大约是孝文帝太和十四年（490年）。跋陀在那里受到皇帝的礼遇。孝文帝对他"敬隆诚至"，为他设禅林、凿石龛，皆由国家资供。

公元494年，孝文帝为与南朝争霸，迁都洛阳。跋陀也随之南迁。孝文帝为跋陀于嵩山建少林寺，一时间，慕跋陀之名而聚集少林寺者，常有数百人之多。跋陀一面坐禅，一面讲经。自此，少林寺俨然成为禅学中心之一。

佛教慈悲与少林功夫

少林寺地处嵩山深处，山势险峻，自然条件恶劣。两晋以后社会动荡，群盗四起，为了生存和保护寺院，寺僧就必须有强健的体魄。习武护寺，已成为寺僧必不可少的一项技能。而且当时的少林寺一带林木茂密，猛兽出没，虑患不绝，这也对少林僧众构成了重大威胁。为抵御猛兽攻击，寺僧不得不通过习武来增强抗御猛兽的能力。

就这样，技击术便成为寺僧经常演练的一项活动，没想到最后却成就了少林功夫，使少林寺以武显于世，使少林武术成为少林文化的重要组成部分。

少林武术与其他功夫的不同之处在于，它不但重视外在的功夫修炼，更重视武术精神的培养。少林武术精神是一种尚武、重德、爱国的精神，主要体现在：天下兴亡，匹夫有责；抗击侵略，爱国保民；见义勇为，不

✕ 少林绝技，顶喉

畏强暴；博采众长，为我所用。

佛教讲大慈大悲。慈者，慈爱也；悲者，怜悯也。但是，佛教的慈悲与武术并非对立，在正义、道德、国家的层面上，特别是在"抗击侵略，爱国保民"的原则面前，少林功夫体现出了更为广阔的胸襟和博爱精神。千百年来，少林武僧更是用实际行动践行和传承了少林武术精神，如隋末唐初的十三棍僧助唐王、明嘉靖年间（1522～1566年）少林僧兵抗倭以及近代的抗日杀敌等，都是少林武术精神的真实写照。

十三棍僧救唐王

隋朝开国皇帝隋文帝（541～604年）重视佛教，曾于开皇年间赠予少林寺土地100顷，位于寺院西北约25公里的柏谷屯（今属偃师县境）一带。隋大业七年（611年），隋炀帝远征高句（gōu）丽（lí），不断在全国调兵征粮，举国骚动，民不聊生，各地群众纷纷起义。大业末年，拥有庞大地产的少林寺很快成为地方土匪的目标。劫匪冲进山门，抢粮抢物，焚烧塔院。不得已，寺僧拿起木棍奋起自卫。

随后，少林寺的地产又遭到地方割据武装的觊觎。隋将王世充于武德二年（619年）在洛阳称帝，国号郑。王世充的侄儿王仁则也趁机霸占了少林寺西北的柏谷屯，并改名为辕州。王仁则驻守于此，利用险要地形，与长安的李唐王朝对抗。

唐高祖李渊命令儿子秦王李世民率军队讨伐王世充，双方在嵩山、洛阳一带激战不休，相持不下。王仁则所守的辕州城更是易守难攻，李世民派出多员大将也久攻不下。

关键时刻，为夺回土地，早日结束战乱，少林僧人选择支持李唐王朝。据《皇唐嵩岳少林寺碑》等史料记载，少林寺昙宗、志操等13位僧人以精湛的少林武功，进入辕州城，活擒王仁则，献给李世民。此举受到了李世民的高度嘉赏。

李世民在后来的《告柏谷坞少林寺上座书》中，称赞少林寺僧能观形察势，"深悟机变，早识妙因"。鉴于有功僧人只愿出家，不图官位，李世民只授予他们荣誉封号，其中昙宗被封为"大将军僧"。除柏谷屯百顷土地物归原主，唐朝廷还另赠予少林寺田产40顷。

少林寺在李唐王朝的支持下，寺院规模渐渐庞大，历代高僧辈出，武风不衰。鼎盛时期，少林寺的寺堂佛殿达五千余间，僧众达二千余人，有"天下第一名刹"的盛誉。

少林功夫的种类

自李唐王朝之后，少林寺因具备诸多优越条件，拥有了最丰富的武术资源。历代少林寺僧在此基础上不断整理、创新，形成了具有自己特点的少林功夫，构成了一个庞大有序的武术体系。

佛教僧人的生活受佛教戒律约束，练习少林功夫也不例外，要受到"少林习武戒约十条"的约束。这种戒律约束直接表现在少林功夫的动作风格上。少林寺的武装力量只为自卫，所以少林功夫在动作上通常表现为节制谦和，以防为先，攻击为后，其动作幅度小、含蓄，讲究内劲，短小精悍，后发制人。

同时，少林功夫的要旨是禅武合一。参禅是正道，拳勇功夫乃是末技。在平时，僧众不过是借练功习武以达到收心敛性、屏虑入定的目的。同样，禅也是提高功夫的重要手段。也可以说，在少林功夫中，参禅就是练功，练功则是参禅的另一种形式。因此，少林功夫蕴含了深邃的禅宗思想。少林功夫种类之繁多，不胜枚举，大体可为分两种，即少林内功与少林外功。

少林内功从禅定开始，是少林功夫的最初形态，由天竺高僧、少林寺创始人跋陀创造。禅定，浅显地说即打坐，于静谧、气息通畅处，宽衣松带，盘腿而坐，一掌叠于另一掌上，拇指相对，调整呼吸至细微绵长，使心念处于宁静安详的状态。静坐可视为静止的运动，能调整呼吸、宁静心神。跋陀的禅定密语是："外息诸缘，内心无喘，心如墙壁，可以入道。"

✕ 少林功夫

　　内功以调息、运气、聚神为主，如易筋经、捶练等法，皆先行气，通大小周天，以意念运气，充实全体，如筑壁垒。此虽不足以制人，但练至炉火纯青之境，则非但拳打脚踢不能损伤毫发，即使刀劈棍击棒打剑刺亦不能稍受伤害，亦有人称之为"硬气功"。内功除了抗打击之外，更多的是调息养生，对祛病延年有重要的保健作用。

　　所谓外功，即通常所说的拳技和武术器械等各种套路的练习，虽说也有强体健身的效果，但最终的目的仍然是实战。外功的特点就是进攻，劈击点刺在于制人。

　　但是，为什么世间习武之人多练外功，少见练内功者？因外功易懂好学，无论所习何种外功，多则三年，少则一年，必见效果。比如，练打马鞍石，三年之后拳如铁石，用力一击可洞坚壁，练成之后拳脚之力极大，若以拳脚击人，不亡也重伤。故习此功者平时须谨慎从事，以免误伤。练内功则

✕ 少林寺

不易。内功心法深奥异常，所费时日数倍于外功，而且需有悟性，持之以恒。练少林武功者多畏其难，望而却步。

在 1500 多年的历史中，少林功夫不断汲取各个武术流派的精华，因而形成了复杂而庞大的武学体系。根据少林寺流传下来的拳谱记载，历代传习的少林功夫套路有数百套之多，其中流传有序的拳械代表有数十种，另有七十二绝技，以及擒拿、格斗、卸骨、点穴、气功等门类独特的功法。

少林功夫在技术上以攻防格斗的人体动作为核心，以套路为基本单位。套路是由一组动作组合起来的，每个动作的设计和套路的组合，都建立在中国古人所认知的人体医学知识之上，合乎人体运动的规律。动作和套路讲究动静结合、阴阳平衡、刚柔相济、神形兼备，其中最著名的是"六合"原则：手与足合、肘与膝合、肩与胯合、心与意合、意与气合、气与力合。所谓"外练筋、骨、皮，内练精、气、神"，练武修德，体用一如。这是一种真正身心相应、内外兼修的全身运动。

少林器械有"十八般兵器"之说。主要有：锤、槊、弩、弓、戟、钺、斧、三节棍、盾、矛、鞭、枪、刀、剑、棍等，此外，还有三股叉、方便铲、九节鞭等。代表套路有：少林九节鞭、少林草镰、少林钢鞭、少林乾坤圈、少林虎头双钩、少林狼牙棒等。

中国古代"天人合一"的思想认为：最合自然规律的才是最合理的。少林功夫就是以此为理念，不断地去芜存精，创新发展，形成了最合乎人体自然结构的运动，使人体潜能得到高度发挥。历经 1500 年的发展，少林功夫已成为最优化的人体运动形式之一。

峨眉武术，已入选国家级"非遗名录"。峨眉武术起源于四川峨眉山地区、并广泛流传于整个四川乃至西南地区的武术总称。峨眉武术发祥于峨眉山，已有近3000年的历史，门派达八十多个，拳种、拳路成百上千，为中华武术三大流派（少林派、武当派、峨眉派）之一。

峨眉武术融合了峨眉山的佛、道、儒文化，讲究刚柔相济，内外兼修，动作似快而慢，快慢相间，似柔而刚，刚柔相济。目前峨眉武术仍存在68个门派和2638种徒手、器械、对练、套路、练功方法和技击项目，仅峨眉拳至今仍保有四大类、八大门、十八家拳。

少林僧兵抗倭

史载，少林僧人重上沙场是在明嘉靖年间（1522～1566年），现刻录于少林寺塔林的《敕赐祖庭少林禅寺敕名天下对手教会武僧友公三奇和尚塔铭》中。

少林功夫在明代已经是天下闻名。很多著名文人学者都在嵩山少林寺看过武僧表演。明万历九年（1581年），王士性在《广游志》中记录了一段猴拳表演："山下再宿，武僧又各来以技献，拳棍搏击如飞……中有为猴击者，盘然踔跃，宛然一猴也。"少林寺僧演练的少林武术仍是以"搏击"为目的，亦即少林武术的功用，主要还是用于搏击格斗。

万历三十九年（1611年）著名作家袁宏道在其《嵩游记》中写道："晓起出门，童白分棚立，气观手搏。主者曰：'山中故事也。'试之多绝技。"手搏，即徒手格斗。

万历四十三年（1615年）文翔凤在《嵩游记》记载："归观六十僧，以掌搏者、剑者、鞭者、戟者……"此时，少林武僧使用的兵器种类在大大增加，但不论什么兵器，仍然是格斗搏击。

少林功夫若用之于战场，会是怎样呢？以

✕ 少林武僧

少林武僧功夫之高强，一定如同特种兵一般，所向披靡。历史上，少林武僧上阵杀敌的记录有不少，尤以明代杀倭寇为多。

《上海掌故丛书·吴淞甲乙倭变志》记载："（少林僧兵）俱持铁棍，长七尺，重三十斤，运转便捷如竹杖，骁勇雄杰。官兵每临阵，辄用为先锋。"又云僧智囊："提铁棍一筑跃过红衣倭左，随一棍落，其一刀贼复滚转。又跃过红衣倭右，又落其一刀，倭应手毙矣。"

据明代李绍文所撰的《云间杂志》记载："癸丑元月(1553年)，月空接到都督万表檄文，率少林应募武僧30余名赴松江抗倭。傍贼结营，一贼舞双刀而来，月空坐不动。将至，身忽跃起，从贼顶过，以铁棍击碎贼首。"

然而，少林僧兵毕竟长期生活在内陆地区，东南沿海的地理环境多为水乡，很多僧兵并不适应，常常因不熟悉地形，造成不少僧兵阵亡。但是，国家有难之际，少林武僧能挺身而出，或慷慨赴敌，或镇守边关，危难之中大显身手，鼓舞士气，这也为少林武术的发扬光大起到了积极的作用。

《少林寺竺方参公塔铭》（万历三年，即 1575 年立，现存于塔林中）在评论僧兵平定师尚诏之叛（师尚诏起义是发生在 1553 年的河南省最大的一次农民暴动，仅 40 余天队伍就发展到数万人，在豫东一带产生很大影响。）的表现时，写道："运大智于沙场，战雄兵于顷刻，不过尽忠于国。"所谓大智，不过是少林僧兵修习佛法后获得的大智慧。虽是学佛，然爱君忧国之心与忠义士大夫相同，由此不难理解，少林僧兵为何会不顾安危赶赴沙场了。

PART 02

内外兼修的武当功夫

武当山，又名参上山、太和山等，发源于秦岭山脉，山势蜿蜒东伸，至鄂西北，诸峰骤起，层峦叠嶂，雄峻峭拔，构成八百里锦绣壮景。主峰天柱峰海拔 1613 米，犹如惊天巨柱，直插云霄。四周七十二峰朝伏环侍，宛若众星拱月，素有"亘古无双胜景，天下第一仙山"之美誉。

武当山以其独特的自然景色和地理环境，成为我国历史悠久的道教圣地。一些修道之士纷至沓来，莫不将谷深林密的武当山视为最理想的修炼之地。

武当功夫以道家思想为理论基础，内外兼修、拳道合一，既是宝贵的文化遗产，又是健身修性的体育项目，历史悠久，博大精深。2006 年 5 月，武当武术被列为国家第一批非物质文化遗产项目名录。

武当派始祖张三丰

张三丰是元末明初的道士，相传为江西龙虎山张天师后人。明天顺二

✕ 武当山

年（1458年），明英宗在嘉封张三丰为"通微显化真人"的诰命里说："元朝名士，天师后昆，鹤骨珊珊，龙髯拂拂。"

张三丰五岁时因目染异疾，几乎看不见东西。父母焦急万分，听说离家不远的碧落宫有一异人，叫张云庵，治眼病有奇术，就将张三丰带到了碧落宫，求张道士为其治疗眼病。张道士称，此疾除用药外，还须修道，方能事半功倍。如此，张三丰一边治病，一边开始修道。

半年之后，张三丰翳目渐明，且对所学道经皆能过目知晓，随手披阅即会通其大意。张云庵见张三丰如此聪慧，认定其为不世之才，便将他收为徒弟。从此，张三丰便开始钻研道经，兼读儒释两家。此时的张三丰相貌奇绝，"风姿魁伟，龟形鹤骨，大耳圆目，须髯如戟，顶作一髻。"

后来，张三丰云游四方，闻言武当山自古为道家圣地，便不远万里来到武当山，在这里潜心参悟了九个春秋，然后下山回故里为父母扫墓，之后再上武当山，登天柱峰，遍历名胜，并且结庐于展旗峰北侧，名曰遇真宫。

张三丰在武当山苦修了近30年，造诣日深。《明史·方伎传》中记载，他"寒暑惟一钠一蓑"，冷热不侵其体，或三五日，两三月始一食，辟谷食气而不思饮食。隆冬时节，卧雪中鼾气如雷，练就了金刚不坏之躯。清道光年间李西月所著的道教丹道修炼丛书之一的《三丰全集》中记载，张三丰"深藏道法，广其神通，高隐武当，有希夷之风"（《三丰全集·正兆》）。

据说，张三丰随身总是带着一把刀，每天都要练上一段时间。那把刀很奇特，既像刀又像尺。有人不解，问他。张三丰说："是刀也，能开混沌；斯尺也，用挚蓬莱，故相随而不失。"

张三丰潜心钻研，丹拳兼修，集诸家先哲之睿智，将丹道功法，融会贯通于拳艺之中，促进了内丹术与古代武术技艺的有机结合，并开创了太极拳，是武当派内家拳的祖师，也被尊为道教"隐山派"的一代宗师。后来，历代高道异士又以道家哲理阐释武当功夫，逐渐形成了从功法到理论，都蕴涵着独特哲理和精妙拳技的武当武术。

武当功夫的特点

功夫一般起源于生产劳动，发展于与野兽搏斗、与人搏斗的需要。而武当功夫的起源却与道教的人生观密切相关，产生于道教养生、健身、成仙的需要。

道教认为，只要通过精神、肉体的修炼，即可达到长生久视、得道飞仙的目的。在武当山的道教思想中，人体就是丹鼎，可以炼出丹。此丹亦

✕ 武当功夫太极拳

称真元，也叫丹田之气。有了真元，人体的精、气、形、神就可以凝聚不散，从而可以长生不老，乃至飞升成仙。真元之气不是天生就有的，而是要经过长时间苦练才能得到。怎么个练法？这就涉及到武当武术的起因。

体内之真气需导引才行，这就产生了练拳的需要。人们在运气时引入武术动作，在练拳过程中引气入丹田。由此，功夫的技击术开始融入引气养生的理念，从而形成了内功外拳、内外结合、以内为主的内功功夫。同时，在内功形成的过程中，武当功夫又不断吸收少林等外家功夫的优点，从而形成了完备的武当功夫体系。

武当功夫体系主要以太极拳、形意拳、八卦掌三大拳术为主要内容。

这三大拳术的特点是，以圆弧为本，不仅表现在外观形体运动路线和定势姿态上，也反映在身体运动的特点上。可以说，以腰为轴心的转动，无一不贯穿着圆、弧的运动。随着动作的变化，形成了大弧带小弧，大圆

✕ 太极拳

套小圆，或者平圆、立圆、八字圆等各种圆弧运动。有人说，形意、太极、八卦的身法都是在转圈儿和画圈儿，是非常形象的总结。

武当功夫的画圈儿，看似绵柔，实则是快速、飞快地旋切，就像圆形锯片。当圆形锯片高速运转时，几乎看不到它在转动。这种遒劲使力量浑厚充实，是以柔克刚、四两拨千斤、后发制人的功夫境界；亦有动如行云流水，绵绵不断，刚柔相含，含而不露的武术风格；还有发人潜能，开人智慧，充人精神，壮人体魄，祛病健身的独特功效，武当功夫也因此成为大众喜爱的中国功夫之一。

在实战中，武当功夫一直运用阴阳对立战术，把敌我双方当作阴阳对立的整体来看，根据攻守、进取、前后、左右、上下、动静、刚柔、顺逆、开合等阴阳变化规律，根据对方动作特点，采取相应对策，或避实就虚，或引进落空，或随曲就伸，或后发先至，使自己立于不败之地。

武当功夫吸取了儒家的"仁学""礼义"的思想内核，并把此内核融入化恶扬善的道德观中。故武当功夫自古立有五不传：骨柔质钝者不传、心险者不传、好斗者不传、狂酒者不传、轻露者不传。

道家强调，为善始能保真。人为万物之灵，只因后天习染，坠入恶趣，必耐心化度使复本。用之于拳术，故偶发而使对方不伤为上乘，化而使对方无所施其力为主要。

民国时期，武当功夫曾被列入中央国术馆的教学内容。1928 年成立的中央国术馆，下设少林门和武当门，各设门长。20 世纪 30 年代初，红三军总司令贺龙曾在武当山紫霄宫向武当道长徐本善学习过武当功夫，并赞叹："武当功夫果真名不虚传"。

徐道长义助红三军

1931 年秋，贺龙率领红三军来到武当山下的湖北房山县建立革命根据地。没想到刚站住脚跟，便遭到当地土匪武装马大脚和张长腿的突然袭击，战士伤亡较多，需要马上抢救治疗。可是敌人封锁很严，贺龙只得率部上武当。

武当山道长徐本善是贺龙的朋友，为人善良热情，很有正义感。贺龙给徐道长写了一封信，派通讯员连夜送上武当山紫霄宫。徐道长看完信后，随即在信上用毛笔端端正正写了 10 个字："明日午夜整，开山门相迎。"

贺龙连夜集合队伍，趁着月色直奔武当山。到紫霄宫时已是深夜。正欲停歇，等天亮再叩门，忽然传来"当当"几声钟响，打破了山林的寂静。

徐道长已集合 50 多名道人排队相迎。

徐道长请贺龙来西宫院，将床铺、医疗设施一一指给他看。贺龙高兴地说："真是一座理想的红三军医院啊！"从此，紫霄宫就成了红三军的后方医院和司令部。

红三军缺少子弹，徐道长立即派人以道家打扮四处化缘，暗察敌情。访了半月，终于得到了一个重要情报：国民党为剿灭红军，给当地土匪马大脚增援了一批子弹，已用船运至老河口。贺龙得此消息，当即决定夜袭老河口。

当天深夜，天降大雨。贺龙亲自带领一个连的人埋伏在老河口右岸。徐道长带上 3 名功夫高手，头戴面罩，潜近伏击圈。将近深夜一点，贺龙首先开枪，战斗打响。敌人措手不及，于大雨之中乱作一团。徐道长与 3 个弟子趁机跳上敌船，施展绝技，一连杀死数名护船匪兵，命令船工迅速靠岸。这场战斗，红三军夺得子弹 50 余万发。

红三军在武当山逗留了几十天，离开时，徐道长为贺龙饯行。贺龙为表感谢之情，赠黄金 2 斤，徐道长婉拒，经贺龙再三说服才留作纪念。

临别时，贺龙将已康复的伤员带出，尚待治疗的 200 多个伤员继续留在武当山治疗。徐道长安排几位道士继续照顾。直到 1932 年秋，这些伤员才痊愈，被分批护送到房山县归队。

1932 年初冬，由于叛徒出卖，丹州地方国民党党部营长马老七带领一伙匪徒夜袭紫霄宫，逼徐道长交出贺龙与金子，徐道长决不吐露半个字。

马匪气急败坏，动了杀心。数日后，徐道长下山办事，行至万松亭山垭口时，遇上马匪派来暗杀他的八个匪徒。徐道长亲手将两个匪徒踢落深涧，终因寡不敌众，被背后的匪徒开枪射中两弹，不幸遇害。

贺龙闻知道长噩讯，连夜集合队伍直捣巢穴，将一众匪徒一网打尽，为徐道长报了仇。

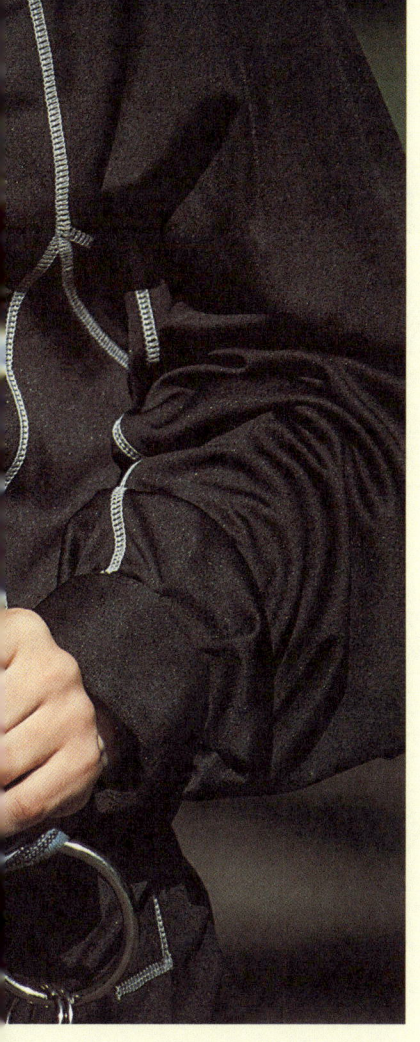

第四章

武侠小说中的功夫

武侠小说，是中国武术文化和文学结合的产物。中国武侠小说最早可追溯到司马迁的《游侠列传》《刺客列传》等，一直到香港的新派武侠小说，以及近些年在网络上兴起的网络武侠小说。这些小说中的侠义武士，功夫深厚，气吞山河，既能飞墙走壁，又能点穴制暴。侠士们那种大义凛然、扶危济困、不畏强权、不畏残暴的武侠精神成为百姓津津乐道的话题。中国武侠小说经历千百年的流传变迁，无论写法上有何变化，但贯穿整个武侠小说创作的中心线没有变，那就是侠士们的家国情怀。

功夫　武术与家国理想

×

PART 01
古典古侠小说

关于"侠",司马迁这样解释:"今游侠,其行虽不轨于正义,然其言必信,其行必果,一诺必诚,不爱其躯,赴士之厄困。既已存亡死生矣,而不矜其能,羞伐其德,盖亦有足多者焉。"

《辞源》对"侠"的定义是:"旧时指打抱不平、见义勇为的人。"

金庸给"侠"的定义是:"能够不顾自身利益而去主持正义、挺身而出、重视是非的行为,就称之为侠;武侠就是用武力为侠的行为。真正的侠义行为,是自己没什么好处可得,也可能牺牲自己的生命,如能为国为民,更是'侠之大者'的风范。"

武与侠,在中国历史的各个时期各有侧重。早期,不论是韩非子还是司马迁,他们的作品中都未见武侠展示武功,而是以精神、气节相赞许。司马迁之后,人们对武侠的概念渐由显气节到重事成,再由重事成而精武功。无论是《游侠列传》,还是《刺客列传》,都展示了血肉丰满的侠客形象。

中国真正意义上的武侠小说,首推成书于秦汉之间的《燕丹子》。这部小说写的是战国末期燕国太子丹因在秦国当质子时,受到秦王嬴政的无礼待遇,遂发愤向秦王复仇,最终募得刺客荆轲。荆轲冒死赴秦,在面见秦王时奋力行刺,结果反被秦王所杀。作品写得有声有色,充溢悲壮气氛。

✕　清代《水浒人物图卷》局部

　　这篇小说在颂扬报恩复仇与反抗强暴的侠义观念时，对情节结构的安排和对人物的描写都有独到之处。但小说对史料的依附性太大，缺乏小说创作的想象力。

　　到了汉代，武侠小说的描写对象以刺客为代表，魏晋六朝时出现了志怪小说，小说中的侠义之士多了些神怪的光圈。

　　唐代是中国历史上的浪漫时代，这一特点也反映在了小说创作上。写实性的历史小说、反抗性的爱情小说、讽喻性的志怪小说和理想性的武侠小说是唐人小说的四大类别，其中唐代武侠小说不但数量多，内容、形式完整，在艺术上也达到了空前的高度。

　　唐代武侠小说以传奇为主，虚构铺陈，武功虚幻，侠气纵横。唐代盛

行剑术，侠客们手握三尺青锋剑，斩尽人间不平事。他们喝酒吟诗，纵横江湖，来无影去无踪。再加上唐代有关侠义的诗歌的盛行，也推动了唐代武侠小说的繁荣。唐代小说《管万敌》《张季弘逢新妇》诸篇已有武侠小说的雏形，至《聂隐娘》《红线》《昆仑奴》《京西店老人》等浓墨重彩地描写神奇剑术的剑侠派小说问世，成为唐代小说的重要分支，也是中国武侠小说发展史上至关重要的节点，对后世新武侠小说有一定的影响。可以说中国武侠小说有三大里程碑：唐代武侠小说、明代《水浒传》、晚清武侠小说。

北宋时期，中国历史上发生了著名的宋江起义。这件事发生在宋徽宗宣和元年（1119 年），是一些遭受官府重利盘剥、压迫的渔民和农民组织起来的反抗运动。宋江起义规模并不大，只是小股渔民断了生计，于是揭竿而起，反抗官府的暴政。宋江起义之所以很"著名"，是因为明代小说家施耐庵以此为小说素材，创作出杰出的古典白话小说《水浒传》。这部经典著作几乎成为每个中国人必读的作品。

《水浒传》共百万字，是中国文学史上划时代的武侠巨著。作品塑造了108条好汉，个个身怀绝技，打着替天行道的旗号，啸聚水泊梁山。其头领宋江虽然对朝廷官员腐败深恶痛绝，可内心深处却是盼望着能被皇上招安，为国家奔赴前线。

《水浒传》中的中国功夫基本上是真实的呈现。作者一反神化武功的描写格调，强调功夫的真实性，这样更贴近读者，也更有艺术感染力。可以说，《水浒传》是中国武术集大成者，其中的拳术、腿术、棍术、刀术、飞刀等，都有真实的白描，让读者身临其境，例如，《水浒传》第二十九回："施恩重霸孟州道，武松醉打蒋门神"的描写：

> 蒋门神见了武松，心里先欺他醉，只顾赶将入来。说时迟，那时快，武松先把两个拳头去蒋门神脸上虚影一影，忽地转身便走。蒋门神大怒，抢将来，被武松一飞脚踢起，踢中蒋门神小腹上，双手按了，便蹲下去。武松一踅，踅将过来，那只右脚早踢起，直飞在蒋门神额角上，踢着正中，望后便倒。武松追入一步，踏住胸脯，提起这醋钵儿大小拳头，望蒋门神脸上便打。原来说过的打蒋门神扑手：先把拳头虚影一影，便转身，却先飞起左脚，踢中了，便转过身来，再飞起右脚。这一扑有名，唤做"玉环步，鸳鸯脚"。这是武松平生的真才实学，非同小可。打的蒋门神在地下叫饶。

这是《水浒传》中经典的搏击场面。重点写人物的武功招式和神勇气概，十分逼真地描绘出中国武术中的腿法绝技"鸳鸯脚"的传奇色彩。

《水浒传》可以称为中国古典武侠小说的巅峰之作、扛鼎之作。它的成功激起了中国文人创作武侠小说的热情，仿《水浒传》描写忠义盗侠者，无可计数。此类小说中也不乏可读之佳作，如《禅真逸史》《水浒后传》《后水浒传》《水浒结传》《绿牡丹全传》等。但是这些作品都无法在艺术水准上达到《水浒传》的高度。究其原因，主要是偏重模仿，难于创新。

PART 02
武侠公案小说

清代中叶以前，武侠小说与公案小说各以不同的题材、不同的流派独立发展。但自嘉庆、道光年间始，这两类小说合二为一，成为武侠小说的一种新形式。武侠公案小说的特点是，主人公代表封建权力的清官，是封建社会公平、正义的象征，是为民申冤、为国除奸的英雄，是底层弱小百姓心中的救星。

这类清官身边必有几个功夫超群的侠义之士。侠士的任务是保护清官，以及侦察、搏斗等，清官的作用也会因侠客的绝技而增强。这类武侠小说的代表作为《施公案》《三侠五义》等。

《三侠五义》堪称继《水浒传》后又一部脍炙人口的武侠作品，作者为石玉昆。小说里的主人公包拯是个铁面无私、刚直不阿、廉洁清正、机智果敢、为国为民的清官。他秉公办事，明察秋毫。更难能可贵的是，包拯不畏权贵，秉公执法，成为中国文学史上著名的"包青天"。

《三侠五义》继承了中国传统的游侠精神，其中最精彩的篇章还是大量的侠义描写。第十三回作者有一段议论："真是行侠仗义之人，到处随遇而安，非是他务必要拔树搜根，只因见了不平之事，他便放不下，仿佛与自己的事一般，因此才不愧那个侠字。"

第六十回里，又借北侠欧阳春之口说："凡你我侠义做事，不要声张，总要机密，能够隐讳，宁可不露本来面目，只要剪恶除强、扶危济困就是了，又何必谆谆叫人知道呢？"

在功夫的描写上，《三侠五义》比《水浒传》又进了一层，不再只是突出力和勇，而是重在"轻"和"快"，侠士们都会飞檐走壁的轻功，身上还藏有百步之外取人性命的暗器，袖箭、飞刀、石子、神弹，各显奇能。甚至在第七十八回，小说中还首次写到了点穴功夫："白爷见北侠来的近切，回身劈面就是一掌。北侠将身一侧，只用二指，看准肋下轻轻一点，白玉堂倒抽了一口气，登时经络闭塞，呼吸不通，手儿扬着落不下来，腿儿迈着抽不回去，腰儿哈着挺不起身躯，嘴儿张着说不出话语，犹如木雕泥塑一般，眼前金星乱滚，耳内蝉鸣，不由的心中一阵恶心迷乱，实在难受得很。"

《三侠五义》大受普通百姓欢迎，书商刻印不绝。后又有《小五义》《续小五义》者，以《三侠五义》为前传，对武侠之事的描写贯穿始终，内容仍是剪恶除暴，扶弱济贫的描写，形式上仿前传，但缺乏创造性描写，在艺术上无法超过《三侠五义》。

真的有江湖吗？

我们常说江湖险恶，又说笑傲江湖。到底什么是江湖呢？除了风浪滔天的自然江湖，我们所置身的这个社会，就是由无数个江湖组成的。比如职场，比如学术界，比如武术界，都是江湖。用古龙的话来说：有人的地方，就有江湖。

近代武侠小说中引得武术豪杰侠客闯荡的江湖，其实不过是作者营造出了一种刀光剑影的生活，一个由小说中有功夫的人所组成的小型社会。在这个社会里，人们不必担心衣食住行，不必担心法律制裁，完全以功夫实力来说话，可快意恩仇，可以暴制暴，甚至只要功夫足够高，可呼风唤雨。

在《三侠五义》后，有部《儿女英雄传》也是风靡一时。《儿女英雄传》成书于清同治年间，作者文康。这部作品的独特之处在于，它是一部古代少有的以侠女为核心的长篇小说，成功地塑造了一个侠女形象——侠女十三妹。

十三妹原名何玉凤，是中军副将何记之女。其父何记身为武官，膝下无儿，便将玉凤当男孩教养，从小练得十八般武艺。何记因拒绝将女儿许给大将军纪献唐之子做妾而遭陷害，不幸冤死狱中。玉凤不得不携母逃跑，将玉凤二字拆为十三两字，改名十三妹，自此流落江湖。

《儿女英雄传》中对功夫的描写以细腻见长，惊险、精彩。如第六回：

> "那女子见他一拱手，也丢个门户，一个进步便到了那和尚跟前，举起双拳，先在他面门前一晃，这叫作'开门见山'，却是个花招儿。破这个架势，是用右胳膊横着一搪，封在面门，顺着用右手往下一抹，拿住他的手腕子一拧，将他身子拧转过来，却用右手从他脖子右边反插将去，把下巴一掐，叫作'黄莺搦膝'。"

《儿女英雄传》除了为我们展示中国功夫的丰富多彩，也展示了一幅广阔的清代民俗画，书中从京畿远镇、市井山林，到贡院科场、庙市风尘，从达官显贵、秀阁千金，到贩夫走卒、游民强盗，可谓形形色色，是晚清一部优秀的武侠作品。

PART 03

旧派武侠小说

20 世纪初至 40 年代末，中国历史上出现过一段武侠小说的狂飙时代。这段时间，武侠小说的创作可谓狂潮激荡，群雄并起。著名文史作家郑逸梅在《武侠小说的通病》中说道："我国的旧小说汗牛充栋，但是十之六七属于武侠方面。"

这一时期武侠小说的繁荣与当时发达的报纸业有关。报纸卖得越好，广告收入就越多。于是，各种报纸纷纷开设专栏，进行长篇小说连载。尽管当时的报纸质量十分粗糙，有的甚至油墨模糊，字迹不清，但由于连载的小说引人入胜，使读者欲罢不能，急于看下回内容，于是就出现了读者在报馆门前等报纸的奇特现象。

能够在报上开设连载的作者基本上都是故事高手。故事的内容基本上分成两类，一类是言情小说，另一类是武侠小说。这两类小说都有教主式的代表作家。言情类的作家，有"南张北刘"，张，即张恨水；刘，则是天津的刘云若。

张恨水以《啼笑因缘》《春明外史》名世。他是中国言情小说的教父，洋洋洒洒，下笔千言，可以同时开几个报馆的连载，一生创作小说百余部。50 岁生日时，张恨水撰文："我写了三十四年小说，将近百余种，约有一千五百万字，为报纸写作，一年至少也有十五万字吧，以二十年计，加在一起，有二千万言……"而与张恨水齐名的天津作家刘云若，一生共写社会言情小说50多部。

武侠作家辈出

相比之下，武侠类小说作家也有不少。著名翻译家林纾，字琴南，曾创作武侠小说《技击余闻》《京华碧血录》等，开创民国武侠小说之先河。在林纾之后的几十年中，武侠小说的创作风起云涌，名家辈出。

民国以来，继承古典武侠小说传统并能发扬出新的，首推近代武侠小说名家"平江不肖生"。平江不肖生原名向恺然，因是湖南平江人，故以此为笔名。向恺然早年留学日本，精于技击术，具有强烈的民族意识。留日期间，向恺然有次看见日本人欺负中国留学生，于是奋起神威，飞脚踢断一颗碗口粗的小树，为中国留学生解围。回国后，向恺然因生活困窘，遂进行小说创作，以笔耕换取收入。向恺然一生创作武侠小说13部，代表作有《江湖奇侠传》《近代侠义英雄传》等。

《近代侠义英雄传》是一部纪实性的"武侠传记文学"。作者在书中第一回即开宗明义写道："是为近二十年来的侠义英雄写照。"这部作品以大刀王五作为开场人物，又带出大侠霍元甲，并数次描写霍元甲等侠客义士的民族气节，以及他们打败气焰嚣张的外国武士的事迹，最后以倭人毒害霍元甲结束全书。

作者的创作是为了宣扬中华武术，力求强身、强种、强国。全书洋溢

✕ 泉州南少林寺建筑上的功夫木雕装饰

着一种炽热的爱国情怀，反映出作者"武术救国"的世界观。小说读来令人愤然，思以民族大义。

赵焕亭生于 1877 年，比向恺然大 13 岁。他原名赵绂章，成长在河北玉田的一个官宦世家，自幼博闻强记，尤其留心各地的风土人情和奇闻逸事、文坛掌故等，这为他的武侠小说创作奠定了基础。

1923 年，赵焕亭推出武侠处女作《奇侠精忠全传》，立刻与向恺然的《江湖奇侠传》一道引起轰动，二人共同揭开了现代武侠文学的大幕，史称中国现代武侠小说的"南向北赵"。

赵焕亭对武侠小说的贡献甚多。他将所有技击腾挪修炼之术，统称为武功，创造了一个新的概念。武功，这个概念显然超越了武艺和武术，打通了古代哲学和现代科学。在此基础上，赵焕亭进一步区分内功、外功以及轻功等，给后世武侠小说作家以极大的启迪。

"南向北赵"之后，顾明道等先后崛起。顾氏一生共撰写了24部武侠小说，最负盛名的代表作是《荒江女侠》。他在《武侠小说丛谈》中有一段自述："余喜作武侠而兼冒险体，以壮国人之气。曾在《侦探世界》中作《秘密王国》《海盗之王》《海岛麈兵记》诸篇，皆写我国同胞冒险海洋之事；或坚拒外人，为祖国争光者。余又著有《金龙山下》，则完全为理想之武侠小说也。……又为《小日报》撰《海上英雄》初续集，则以郑成功起义海上之事迹为经，以海岛英雄为纬牧。……又尝作《草莽奇人传》，则以台湾之割让与庚子之乱为背景也。"从自述中可知，顾明道的武侠小说，大多以爱国和民族思想为寄托，当时正值1931年"九·一八"事变前后，顾氏武侠小说很受欢迎。

　　此外，著名的武侠小说名家还有"剑仙"李寿民，代表作《蜀山剑侠传》《青城十九侠》；"悲喜侠情派"王度庐，代表作有五部曲系列——《鹤惊昆仑》《宝剑金钗》《剑气珠光》《卧虎藏龙》《铁骑银瓶》；"社会反讽派"宫白羽，代表作《十二金钱镖》《偷拳》，以及"帮会技击派"郑证因，代表作《鹰爪王》等。

PART 04
新派武侠小说

20 世纪 50 年代，香港的《新晚报》以民间喜闻乐见的方式吸引了很多读者，得到了香港市民的认同。其总编辑叫罗孚，是资深的左翼文化人士。

梁羽生，原名陈文统，1924 年 3 月生于广西蒙山县文圩镇屯治村。1949 年起，他在香港《新晚报》做编辑。1954 年，经罗孚约请，梁羽生的处女作《龙虎斗京华》由《新晚报》连载。《龙虎斗京华》是新派武侠小说的开山之作，群众反响热烈，希望能继续看到新作。梁羽生一生创作武侠小说 30 多部，代表作品有《白发魔女传》《七剑下天山》《萍踪侠影录》《云海玉弓缘》等。

写武侠小说前，梁羽生与金庸是挚交好友。在《新晚报》期间，他们二人都爱谈论武侠，亦经常一起下棋。于是，通过梁羽生，罗孚又找到金庸，于是就有了金庸的处女作《书剑恩仇录》。后来，中央编译出版社为《罗孚文集》加了一个腰封，上面写着："梁羽生、金庸的催生婆"。这个比喻很形象，两位作家接二连三地"生"，梁羽生共产作品 35 部，金庸 15 部。

就这样，中国新派武侠小说诞生了。在新派武侠小说的作者中，金庸、古龙、梁羽生、温瑞安被誉为"新武侠四大宗师"。

那么，新派武侠小说究竟新在哪里呢？

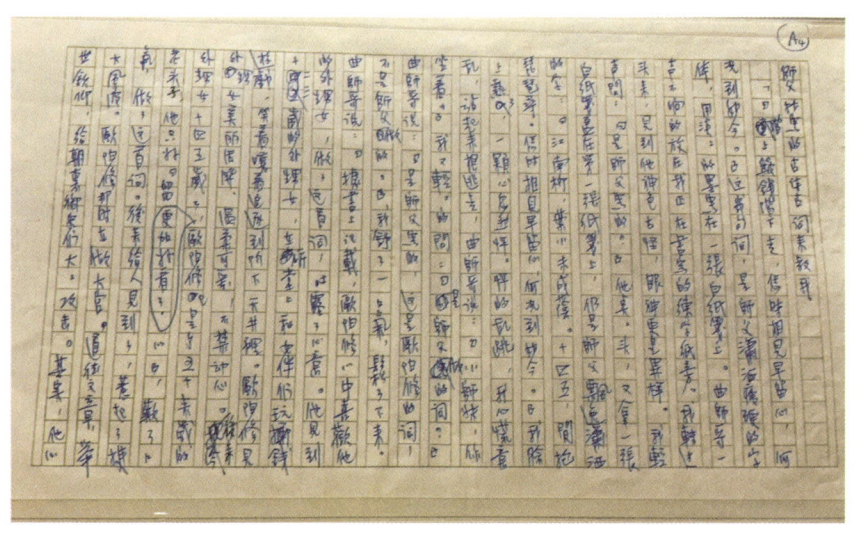

新武侠的特点

20世纪50年代，香港武术界太极派掌门人吴公仪与白鹤派掌门人陈克夫的门派之争引得香港市民好奇不已。两派依照武林旧约，设擂台比武，更是让香港的报刊大做文章。而当时的《新晚报》也正好需要新的文学作品来吸引广大市民读者，于是《新晚报》要求作者不仅要写大众喜闻乐见的武侠小说，还要写出新意来。在如此特殊的背景下，梁羽生的《龙虎斗京华》以崭新的面貌展现在读者面前，人们既觉得是故友重逢，倍感亲切，又感到面目一新。《龙虎斗京华》一经连载就成为人人争读的小说，连国外的报纸也争相连载，同时也在香港吹起了"武侠文学之风"。

到20世纪50年代末至60年代末，台湾武侠小说家开始崛起，其中卧龙生、司马翎和诸葛青云并称为"台湾三剑客"。而台湾武侠小说作者中最闪耀的首推古龙。古龙的小说没有金庸、梁羽生小说中宏大的历史背景，没有"大一统"的江湖，也弱化了对武功招式的细节性描写，却融入了戏剧、推理、诗歌等元素，形成独树一帜的古龙式武侠小说风格。其所写的"人在江湖，身不由己"的金句广为流传，李寻欢、陆小凤、楚留香等古龙笔下的经典人物更是成为当代中国人精神生活中的重要角色。

关于此时武侠中"侠"的定义，梁羽生说：旧武侠小说中的侠，多属统治阶级的鹰犬，新武侠小说中的侠，是为社会除害的英雄；侠指的是正义行为，符合大多数人的利益的行为就是侠的行为，所谓"为国为民，侠之大者"。

"宁可无武，不可无侠"，梁羽生认为武是一种手段，侠才是目的。梁羽生笔下的大侠都具有爱憎分明的是非立场，艰苦奋斗的侠义作风，文武双全的过人功夫，大义至上的高尚爱情，已经成了正义、善良、勇敢和智慧的化身。

金庸原名查良镛，1923 年生，原籍浙江海宁。《射雕英雄传》写于 1957 年至 1958 年之间，是金庸的第四部武侠小说。"射雕"奠定了金庸的"武林盟主"地位，是公认的经典

武侠小说中的"传音入密"是艺术还是现实？

武侠小说中有一种近乎神话的武功，叫作"传音入密"。意思是，说话人可将说话的声音，凝聚成线，直接送到受话人耳中。只有受话人可以听见说话人的声音，在场的其他人却无法听到。这只是小说家的夸张描写。

名著。金庸用 17 年写完了 15 部武侠小说，又用 10 年时间把这 15 部小说全部重新修订了一遍。

不管是新派还是旧派武侠小说，其中的"武"，是武侠小说最基本的要素，若小说中没有功夫的描写，就不能称之为武侠小说。无论是梁羽生还是金庸，他们笔下的侠客虽然也能使用各种奇形怪状的武器，但是其中一流的大侠皆喜欢赤手空拳，他们对自己的身体拥有无穷的自信，相信自己身体的能量。

新派武侠小说无论是结构、语言、叙事角度、情节安排，还是人物塑造、人性挖掘、心理描写、气氛渲染乃至象征寓意、文化内涵等方面，均与以往的武侠小说形成了鲜明的对照。新派武侠小说将历史、武侠、言情、推理等揉为一体，并融入了现代科技和影视文学手法，使小说内容亦幻亦真、扑朔迷离，既通俗又典雅，从而将武侠小说推至一个崭新的境界。

在内容上，新武侠小说有清晰的历史背景，有新的、强烈的个人历史观。梁羽生和金庸都十分注重这一点。他俩都有较好的史学修养，注重对历史背景的描写，往往藉主人公的"家国情怀"，以伸张其正义。梁羽生的《龙虎斗京华》是以义和团事件为背景；《萍踪侠影录》则以明代土木堡之变为背景，写出了一幕幕历史背景下的人物悲欢。

在武功描写上，旧派武侠小说主要是写外功、轻功，如飞檐走壁，以及兵器、拳脚的较量等。新派武侠小说更注重写内功、气功、行毒、暗器和点穴等，在深层结构上折射出现代科技文化元素和人体特异功能幻想的光芒。

金庸的小说之所以超越了通俗小说，登上大雅之堂，是因为他的小说除了有丝丝入扣、紧张新奇的情节，有爱恨离别、五味杂陈的情愫之外，更有着深沉悲悯的人文情怀。金庸笔下的亡国离乱、天地逆旅、悲天悯人、豁然开朗……不同视角相叠合，呈现出奇异多元的世界，无论是在风景如画的江南，还是在弯弓射雕的大漠，一切都是那么的真实，人物有血有肉。

这也许就是新武侠小说的迷人之处。

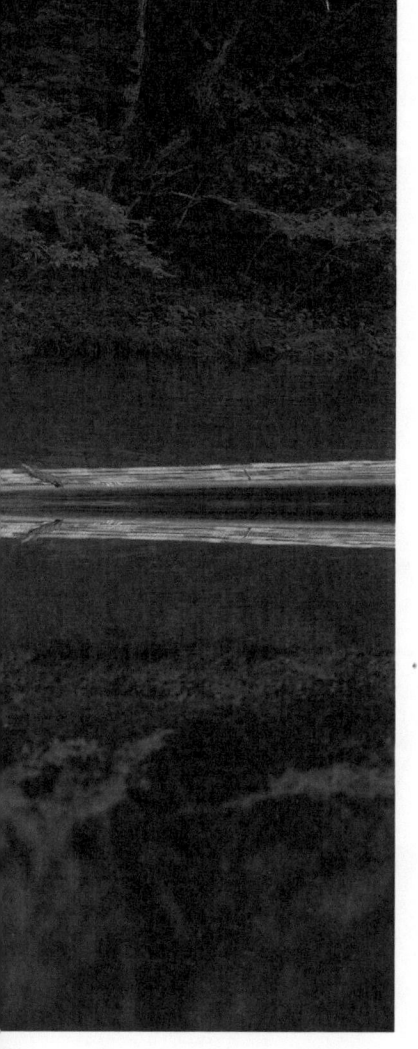

第五章

武风浩荡的功夫片

作为中国电影史上最负盛名的类型，功夫片几乎拥有和中国电影史一样长的年龄。自从有了电影技术，中国功夫片就不曾缺席。20 世纪 20 年代末，从《火烧红莲寺》开始，中国功夫片便倍受追捧。《火烧红莲寺》在当时引起的火爆场面超乎想象，引发的社会讨论络绎不绝，因此制片方一直在拍续集，共续拍 18 部，直到后来被当局禁止才结束。至李小龙时代，功夫片吸收了好莱坞的成功经验，紧张的故事情节，再加上李小龙独创的截拳道，前后虽只拍了五部电影，却把中国功夫成功地推向了全世界。

功夫　武术与家国理想

✕

PART 01
李小龙与功夫电影

　　李小龙是 20 世纪 70 年代初最耀眼的武术家和功夫片巨星。他本人一边在美国开设武馆，一边通过电影艺术，成功地把中国功夫推向世界。李小龙对于功夫有着天才般的悟性，不拘泥于传统，大胆吸收了西方拳击、泰拳、空手道等技术，独创截拳道，成为中国武术史上里程碑式的人物。李小龙用独特的中国功夫，在电影中宣扬中国人的民族精神，在世界上树立了勇敢、坚毅、不屈的中华民族形象。

截拳道，中国功夫走向世界的标志之一

　　李小龙的父亲叫李海泉，广东顺德均安镇人，著名粤剧演员。母亲何爱瑜，出身富商世家，19 岁时从上海来到香港，遇到在港演出的李海泉，遂结为伉俪。

　　1940 年，日本吞噬了大半个中国，战火连天，李海泉举家逃到香港。然而当时日军已对香港成蟹钳之势，香港危机四伏，李海泉只得又携妻子

去了美国。1940年11月27日，在美国旧金山唐人街的华人医院，李小龙诞生了。1941年3月底，李海泉发现粤剧在美国没有太大发展空间，决定举家返回香港。

李海泉是粤剧武生，李小龙自幼耳濡目染，对武术产生了浓厚的兴趣，并拜咏春拳大师叶问为师。李小龙从小爱打架，老师说他像个街头小痞，一辈子都不会有出息，没想到他却成了中国功夫的神话。18岁时，李小龙高中毕业，赴美留学，进入西雅图华盛顿大学学习哲学，这对李小龙后来研究功夫大有裨益：李小龙后来对功夫的理解都已站在了哲学的高度。

为弘扬中华武术，也为谋生，李小龙在大学里租用了停车场的一角开设武馆，挂起"振藩国术馆"的牌子。李小龙早期教授的功夫主要是咏春拳。此间，李小龙遭到一个名叫黄泽民的中国拳师挑战。在这场比武中，虽然黄泽民被李小龙击败，但获胜后的李小龙对自己的表现并不满意，他认为相互对抗的时间可以更快、更短，于是开始反思并改革自己的武术体系。

为此，李小龙练习过洪拳、白鹤拳、谭腿、少林拳、戳脚等拳种，还研究了当时美国流行的诸如空手道、柔道、合气道、跆拳道、泰拳、击剑等多种形式的武功，并在此基础上博采众长，大胆创新，逐步创立了一套完整的现代武术体系，也是一种全新的思想体系。

1967年，李小龙在接受美国武术杂志《黑带》采访时，公开宣布自己独创的武术体系为截拳道（Jeet Kune do）。与多数中国功夫不同，李小龙所创立的截拳道融合世界多种武术的技术精华，是一种风格凌厉、全方位的自由搏击术。

截拳道的技击思想是：通过千万次的认真训练，将拳法和腿法转换成身体的本能反应。比如：当沙子飞到眼睛的时候，眼睛会眨，沙就被挡住了，这是一种与生俱来的条件反射。而我们的技术通过长期的训练，也可以达到这种本能反应的地步。当对手出拳时，不用思考，我们的拳脚就可以击倒对方。

截拳道的问世，震惊了武术界，成为中国武术走向世界的标志性事件之一。

李小龙的功夫电影

李小龙在美国研究武术，发现不同武术流派之间钩心斗角，甚至还有门派之争，在此环境下推广中国功夫异常艰难。很快，李小龙发现了电影的巨大传播效果，决定通过电影推广中国功夫，也由此成为功夫演员。

1971年夏，李小龙接受香港嘉禾电影公司的邀请，拍了一部以中国功夫为题材的《唐山大兄》。该片创下了香港开埠以来电影的最高票房纪录，达到300万港元。李小龙以真实的功夫、凌厉的截拳道、独特的硬汉气质赢得了观众的无数赞誉。

继《唐山大兄》之后，李小龙又拍摄了《精武门》，引起了更大轰动。李小龙在片中所展现的大无畏精神、惊人的功夫实力，特别是他表演的"李三脚"和"地躺拳"，给人留下了难忘的印象。

此后，李小龙又自组协和电影公司，自编、自导、自演了影片《猛龙过江》和《死亡游戏》，还与美国华纳电影公司联合拍摄了《龙争虎斗》，并亲自担任主角。

李小龙的功夫电影，很多都是以表现中国人的民族气节、不畏强暴、追求正义为主题，深受港台同胞和海外华人的赞赏。比如，在《精武门》里，

✕　电影《龙争虎斗》 (Enter the Dragon, 1973 年) 中的李小龙剧照

他扮演近代天津著名武术家霍元甲，不但以截拳道制服了自视打遍中国无敌手的狂妄洋拳师，还以一个凌空飞腿，把写有"东亚病夫"的匾牌踢个粉碎。

1973 年 7 月 20 日，正当李小龙雄心勃勃，准备大展宏图，继续拍完《死亡游戏》时，在香港突然辞世，年仅 32 岁，医院公布的资料称其死于脑水肿。7 月 31 日，李小龙葬于华盛顿州西雅图湖景墓地。

成为功夫化身的李小龙

在早期好莱坞电影中，华人多数是负面形象，从《华人洗衣铺》开始，直到 20 世纪 30 年代，派拉蒙公司拍摄了十几部"满洲"系列电影，严重损害了华人的形象，同时折射出美国群众普遍对中国人没有好感。

华人形象的根本转变就始于李小龙。1966 年，李小龙在好莱坞初露锋芒，饰演电视剧《青蜂侠》中的配角加藤。1971 年，回香港发展的李小龙拍摄了首部功夫电影《唐山大兄》，该片改编于真实故事。"唐山"一词，源于华侨对中国的别称。影片中，功夫精湛的李小龙凌空连踢三脚，被称为"李三脚"，从此一鸣惊人。在后面的几部电影中，李小龙使用双截棍神出鬼没，力战洋人，一个字一个字地告诉他们："中国人不是东亚病夫！"

李小龙凭借高超的武术功底和无所畏惧的搏击精神，极大地提高了中国人的自信心。在他之前，好莱坞电影中的华人男性大多是女性化的阴柔形象。李小龙的出现，扭转了好莱坞以往对中国男性形象的塑造模式。他的功夫电影淋漓尽致地树立了一个个积极正面、充满阳刚之气的华人英雄形象，他们为保卫家园、保护身边亲友，不顾个人安危，奋勇反抗。

李小龙的银幕功夫形象，带给好莱坞的震撼是前所未有的，同时也改变了西方人对于华人的认知，影响深远。许多外文字典和词典里都出现了一个新词："功夫"（Kung fu）。在外国人心目中，功夫就是指中国武术，

李小龙也成了功夫的化身。

李小龙生前曾说过："我的血管里流淌着中国人的血液，我为了替中国武术争一口气，决定把中国功夫搬上银幕，替中国武术争取光荣。"

关于什么是功夫，有这样一段故事。1965 年，福克斯电影公司为拍摄连续剧《Number One Son》，面试了 24 岁的李小龙。这个面试的视频现在已成为流传极广的一个作品，李小龙举手投足之间都充满自信，展现出一代武术宗师的风范。

导演问："你早前跟我说过，空手道及柔道并非最强的东方武术，那威力最强的应该是什么？"

李小龙答："说最厉害好像不太好。不过我个人认为功夫挺不错。"

导演问："可以介绍一下功夫吗？"

李小龙答："功夫源自中国，空手道和柔道都是由它演化而来。它有比较完整的体系，动作更流畅。它是流动的，动作具有连贯性，而不是一两个动作就结束了。"

导演："请看着镜头，以一杯水为例，解释功夫的奥秘。"

李小龙："功夫可以比喻成一杯水，为什么？因为水虽是世上最柔软的物质，但它可以击穿最坚硬的东西，比如花岗岩，水也没有固定的形态，抓不住，也捏不着，无法击打，也不会受伤，习武之人都以此为目标，像水一样柔韧灵活，因势制敌。"

导演："功夫与空手道的区别是什么？"

李小龙："空手道攻击，就像一根铁棒，铛！功夫攻击，则像带链子的铁球，铛——造成内伤。"

从这一段采访视频，可以看出李小龙的哲学功底。李小龙将中国功夫不遗余力地推向世界，可谓功高至伟。著名导演吴宇森评价李小龙，说他极有可能会成为像关二爷一样的新一代武圣，而且这个武圣是世界的武圣。

日本权威武刊《空手道》杂志也曾评价李小龙：伟大的中国武术家李小龙——综合格斗的始祖。综合格斗霸主赛事 UFC 总裁达纳·怀特则称李小龙为综合格斗之父。

PART 02
走向世界的功夫电影

李小龙的功夫电影走向世界，除了赢得了不错的票房，也赢得了世界各国人民对于中国功夫的关注与向往。在此基础上，无论是好莱坞电影公司，还是华人电影，功夫电影迅速成为取得票房的重要题材。李小龙去世之后，各种风格的功夫片如雨后春笋，层出不穷。通过功夫片的输出，以及官方与民间对外的互动，中国功夫逐渐走出国门，受到了很多中国人的青睐。

李小龙之后的功夫电影

李小龙辞世之后，由成龙、李连杰等功夫巨星领衔的中国功夫动作片让中国电影继续走出国门，迈进好莱坞，中国功夫也渐渐成为好莱坞动作大片中不可缺少的重要元素。

成龙是继李小龙之后的功夫片巨星。由成龙主演的《醉拳》《蛇形刁手》《笑拳怪招》和《师弟出马》等功夫电影，逐步占据了影坛的一席之地。成龙的功夫片出现了另一种风格，颠覆了中国传统功夫严肃认真、沉默内

× 《叶问3》拍摄地，老上海街景

敛的功夫硬汉形象，增加了娱乐成分，内容多为闲散生活，嬉笑人间。

《醉拳》是 1978 年由袁和平执导，成龙主演的动作电影。讲述了少年黄飞鸿从只会招惹麻烦的浑小子，几经挫折，终于从乞丐师父苏乞儿那里习得醉拳，勤加苦练，最后击败挑战者的故事。该片曾在韩国上映，并且打破了韩国当时的影史票房纪录。

功夫片《黄飞鸿》系列，从 1949 年开始，至今已拍摄了近百部。黄飞鸿是岭南著名武术家，他的许多故事传说至今，情节生动曲折。黄飞鸿电影的主题音乐都是根据广东民乐《将军令》改编而成，经多位大师编曲，每每音乐响起，总能让观众心潮澎湃，热血沸腾。

银幕上的黄飞鸿一贯以正面人物形象出现，代表的是正义，是民族英雄的化身，亦是武侠宗师的代表。在大多数影视作品中，身着长衫的黄飞鸿展现出的是一种无畏的潇洒姿态，一个大气浑然的大侠形象。

以"立于天地，让世界看见"为宗旨的功夫电影《叶问》系列，随着主人公叶问的辞世画上句号。2008年，由甄子丹主演的功夫电影《叶问》诞生，在前后11年的时间里，以武术家叶问为主题的电影，除了甄子丹的四部，还有另外五部，分别为《叶问前传》《一代宗师》《叶问：终极一战》《叶问外传：张天志》《叶问之九龙城寨》。

叶问的成功，除了他是李小龙的师傅，更是由于他开创了咏春拳。而李小龙的功夫就是从习练咏春拳起步，然后发扬光大，最终形成了攻防凌厉的截拳道。

《少林寺》：中国电影史上的一个神话

1982年，由香港中原电影制片公司出品的《少林寺》公映，好评如潮，造成了"万人空巷看少林"的罕见盛况。

那时改革开放刚刚起步，中国内地观众很少接触商业大片，在此背景下，由香港著名导演张鑫炎执导，中国五届武术全能冠军李连杰领衔主演，中国武术精英联合主演，并在河南嵩山少林寺实地拍摄的《少林寺》将武术、复仇、爱情等商业元素完美地结合在一起，给当时国内观众在视觉上以强烈的冲击，很快风靡大江南北。

《中国电影编年纪事：发行放映卷》记载："（1982年）6月5日，香港中原电影制片公司出品，由著名武打片导演张鑫炎执导的彩色宽银幕故事片《少林寺》在北京上映。该片全市累计映出 8845 场，观众达到 870.99 万人次，发行收入 88.19 万元。

当时的票价只有一毛钱，在内地公映后，内地观众以 1 毛钱的票价，创下了 1.6 亿元的票房奇迹。

这部电影几乎成了张鑫炎导演的巅峰之作，其成功原因之一，就是该片大胆启用了李连杰、计春华、于承惠、于海等真正的武术运动员出演角色。这几位演员功底深厚，在电影中的动作场景行云流水，让人耳目一新。该片获得了文化部 1982 年优秀影片特别奖，还成就了一代功夫巨星李连杰，成为中国内地功夫片的经典之作。不仅如此，这部电影还成功地把嵩山少林寺和少林功夫推向世界。

中国风：功夫输出，与时俱进

现在，中国已成为世界上第三大电影生产国，产量仅次于美国和印度，但能够获得美国发行商青睐的中国电影主要是两种类型：成龙式的动作片和以《卧虎藏龙》为代表的古装武侠片。

李安执导的《卧虎藏龙》取得了巨大成功，让华语电影，尤其是内地电影骤然间找到了国际化输出的方向。在经历了奥斯卡与金球奖的垂青之后，《卧虎藏龙》在北美票房达 1.8 亿美元，位居外语片北美票房之冠。这种艺术与经济的双丰收，向世界证明了功夫电影的魅力。

《卧虎藏龙》的热度还未过去，两年后，张艺谋的《英雄》上映。影片规模宏大，演员阵容超强，拍摄画面感十足，充满了东方武侠气息。

✕ 李安指导的电影《卧虎藏龙》剧照

《英雄》虽然全程围绕着打斗和刺杀，但是最终李连杰饰演的无名还是放了暴虐无道的秦王。因为杀了秦王对天下苍生并无好处，留着秦王，反而能够促进历史的进程。这部电影表现了中国人所追求的终极和平。

《英雄》同样取得了傲人的票房成绩，之后的中国功夫片以崭新的理念，如雨后春笋般出现在国内外观众面前，包括张艺谋的《十面埋伏》、陈凯歌的《无极》等。这些影片的主要特征是画面绚丽，故事深奥，对白富有哲理，表现功夫的打斗情节固然是重要元素，但电影突破了以往功夫片狭隘的复仇主题，而是上升到人性的高度，这与西方的人文思想有不谋而合的地方，容易引起共鸣。

功夫电影对西方的影响

在中国功夫电影努力向世界输出中华文化的同时，西方影坛也注意到了中国功夫的独特魅力，有意识地接纳与学习这种电影类型。世纪之交的经典佳作《黑客帝国》系列中就有功夫的影子。剧中，有专业的武术教练对演员进行训练，有顶级的武术指导设计动作场面。

中国功夫电影的武术指导很快成为好莱坞功夫电影的挖掘对象。袁和平、甄子丹、成龙等人成了许多好莱坞电影的武术设计与指导。

看到《黑客帝国》引入东方功夫元素的成功，梦工厂的动画电影《功夫熊猫》也借用了中国功夫元素与中国特有动物熊猫的卡通形象，塑造了大侠熊猫阿宝成长的故事，这种西方内核与东方元素的结合，让中国观众在享受西方大片的同时，找到了熟悉的事物，也满足了西方观众探索神秘

✕ 功夫熊猫

东方国家的好奇心，结果皆大欢喜，于是就有了《功夫熊猫》的续集诞生。

在中国电影人的不断努力下，以及好莱坞电影大胆吸纳中国功夫元素的背景下，中国题材的功夫片风靡全球。中国武术表演团曾到访南非第一大城市约翰内斯堡进行武术表演，吸引了很多南非当地的中国武术爱好者，在当地掀起了一股中国功夫风。南非当地电视台也播放了李连杰的电影版《霍元甲》，中文发音，英文字幕，南非人围着电视看得津津有味。

附录

中国传统武术主要流派

中国武术门派、套路纷繁众多，蔚为大观。根据 1983～1986年整理的材料，在民国之前，源流有序、拳理明晰、风格独特、自成体系的拳种逾百个。根据大类来分，中国武术主要拳种分为：外家拳、内家拳。外家拳，北方以少林派为代表，南方统称南拳；内家拳，以武当派为代表，分为太极拳、形意拳、八卦掌。

南拳

中国武术流派之一，也是流传于中国南方各地诸拳种的统称，400多年前即有史书记载。像近几年因为电影而热门的咏春拳，就是广东南拳的代表之一。南拳主要以上肢进攻为主，步型、步法要求沉实稳固，做到高而不浮，低而不板。

马步和弓步是南拳的主要桩步，强调十趾抓地，落地生根。南拳手法有拳法、掌法、勾手、爪法、指法、肘法和桥法等。尤其是爪法、指法和桥法是区别于其他拳种的重要特征之一。南拳的发劲主要通过腿、腰、背、肩以及全身协调一致，贯穿顺达，强调发劲要快，有爆发力。南拳讲究发声，以声助威，以气催力。根据各种不同的劲力，发出不同的发力声。南拳发声有两种，一是结合动作顺势发声，做到力气合一；二是模仿象形动作，因势发声，如动物的啸叫声等等。

少林拳

少林拳，源自嵩山少林寺僧众传习的拳术，是少林武术的总称。

少林拳的最大特点是注重技击，立足实战。其拳法短小精悍，严密紧凑，巧妙多变。动作起、落、进、退、击多为直来直往。谚云："拳打卧牛之地"，说的是少林拳不受场地限制，可在"卧牛之地"施展招数。少林拳刚劲有力，勇猛快速，同时又要刚柔相济，动静相宜，做到"刚在他力前，柔在他力后。"

少林拳动作精巧，很少大开大合。出拳、出掌"曲而不直，直而不曲。"手到眼到，以目注目，有咄咄逼人之势。在运动中进退和顺、起落自然、变换灵活。步法轻灵敏捷，沉实稳固。

少林拳的主要拳种有：少林八卦拳、少林六路短拳、少林十三抓、少林五形拳、少林五形八法拳等。

太极拳

武当太极拳，传为道家高人张三丰所创，集武术与养身为一体，拳法精妙，是中国武术中与少林比肩的一大拳派。太极一词，最初见于《周易》一书。太极拳的每一动作都是圆形，恰似太极图一环套一环，在这些环形动作中内含虚实、动静、刚柔、进退等很多变化。太极拳动作自起式到收式，势连一势，并无隔断之处，如同一个完整的圆，未见首尾。

太极拳以掤、捋、挤、按、采、挒、肘、靠、进、退、顾、盼、定等为基本方法。在推手中要求以静制动，以柔克刚，避实击虚，借力发力，以四两拨千斤，亦有动如行云流水，绵绵不断，刚柔相含，含而不露的武术风格。

太极拳融会了我国诸多拳种之长，结合古代导引术、吐纳术、吸取古典唯物哲学阴阳学说与中医基本理论的经络学说，具有发人潜能，开人智慧，强人体魄，祛病健身的独特功效，成为一种内外兼修的拳术。

太极拳流派极多，主要有杨式太极拳、陈式太极拳、吴式太极拳、孙式太极拳、武式太极拳等。

形意拳

形意拳和太极拳同为内家拳，但和太极拳完全不同的是，形意拳讲究贴身靠打，快攻直取，崇尚进攻，毫无半点虚架花招，一切从实战出发，全都是实用的技击技巧。清末民初，形意拳成为最高实战技法之一。此拳要求"心意诚于中，肢体形于外。"内意和外形高度统一，故名形意拳。

形意拳主要流传北方等地，南方各省亦多有习练者。虽南北方形意拳的风格特点有别，但其拳理、技法大同小异。

八卦掌

八卦掌是一种以掌法变换和行步走转为主的拳术。它将武功与导引吐纳融为一体，内外兼修，为河北文安县人董海川所创。

董海川生于清嘉庆年间，身材魁梧，臂长手大，擅长技击，曾在肃王府作武术指导。八卦掌又名转掌，以其运动特征为绕圈走转而名。

八卦掌不用拳，只用掌，将手掌展开，使用擒拿法、点穴法等。八卦掌的动作，以身体绕圈走转为主，如蛇游行，突击对方下部，能一次面对多位敌人。对敌时，八卦掌要用不停地走转与对手周旋，避实就虚，避正寻斜，讲究以动制不动，以快动制慢动，强调制胜之法在变动，形成了"以动为本，以变为法"的八卦掌技法规则，在技击上讲求硬攻硬进，要诀是："你打俺不护，俺打（你）护不住。"